《赣南客家围屋保护条例》
精解

欧阳鹏　张　奇◎编著

中国政法大学出版社

2024·北京

声　明　1. 版权所有，侵权必究。
　　　　2. 如有缺页、倒装问题，由出版社负责退换。

图书在版编目（ＣＩＰ）数据

《赣南客家围屋保护条例》精解/欧阳鹏，张奇编著．—北京：中国政法大学出版社，2024.2
ISBN 978-7-5764-1294-9

Ⅰ.①赣… Ⅱ.①欧… ②张… Ⅲ.①民居－建筑艺术－保护－条例－解释－赣南地区　Ⅳ.①D927.560.229.75

中国国家版本馆CIP数据核字(2024)第045444号

书　名	《赣南客家围屋保护条例》精解 GANNAN KEJIAWEIWU BAOHU TIAOLI JINGJIE
出版者	中国政法大学出版社
地　址	北京市海淀区西土城路25号
邮　箱	bianjishi07public@163.com
网　址	http://www.cuplpress.com（网络实名：中国政法大学出版社）
电　话	010-58908466(第七编辑部) 010-58908334(邮购部)
承　印	保定市中画美凯印刷有限公司
开　本	880mm×1230mm　1/32
印　张	6.5
字　数	160千字
版　次	2024年2月第1版
印　次	2024年2月第1次印刷
定　价	48.00元

目 录

第一章 总 则 | 001
第一条【立法目的和立法依据】 | 001
第二条【调整对象和适用范围】 | 007
第三条【客家围屋保护的原则】 | 009
第四条【政府及部门职责】 | 016
第五条【乡（镇）人民政府、街道办事处职责】 | 021
第六条【村（居）民委员会职责】 | 023
第七条【客家围屋保护专家委员会】 | 026
第八条【客家围屋保护研究、宣传】 | 030
第九条【表彰奖励】 | 033

第二章 保护名录 | 037
第十条【客家围屋的分类保护】 | 037
第十一条【保护名录申报】 | 041
第十二条【申报材料的提交】 | 044
第十三条【告知申报】 | 045

第十四条【保护类别的调整】｜046

第十五条【划定保护范围、建设控制地带、设立保护标志、建立记录档案】｜048

第三章 保护利用 ｜053

第十六条【赣南客家围屋保护发展规划编制】｜053

第十七条【客家围屋实施原址保护】｜055

第十八条【第一类客家围屋的管理】｜059

第十九条【第二类、第三类客家围屋保护范围内的禁止性行为】｜060

第二十条【第二类客家围屋控制地带内的禁止性行为】｜062

第二十一条【客家围屋的日常管理】｜063

第二十二条【签订保护责任书】｜064

第二十三条【客家围屋的维护和修缮】｜067

第二十四条【客家围屋维护修缮的原则】｜070

第二十五条【客家围屋修缮的批准】｜073

第二十六条【文物主管部门的修缮协助义务】｜075

第二十七条【安全、消防措施的落实】｜077

第二十八条【加强配套设施建设】｜083

第二十九条【非遗保护】｜085

第三十条【客家围屋保护性利用】｜088

第三十一条【利用方式】｜091

第三十二条【客家围屋的开发利用】｜095

第三十三条【营业性开发前需进行可行性论证】｜098

第三十四条【鼓励社会资本参与客家围屋保护利用】｜101

第三十五条【文物主管部门的监督检查】 | 103

第四章 资金保障 | 106

第三十六条【市县人民政府对客家围屋保护提供资金支持】 | 106

第三十七条【赣南客家围屋保护社会基金】 | 111

第三十八条【社会资金参与保护】 | 114

第三十九条【依法使用保护资金】 | 117

第五章 法律责任 | 120

第四十条【破坏赣南客家围屋的处罚】 | 120

第四十一条【在保护范围内实施禁止行为的处罚】 | 126

第四十二条【在保护范围内或控制地带内实施污染设施的处罚】 | 129

第四十三条【行政机关及其工作人员违法行为的处分】 | 131

第四十四条【行政处罚的特殊规定】 | 132

第六章 附则 | 136

第四十五条【生效日期】 | 136

赣南客家围屋保护条例 | 139

附录 | 152

附录一 中华人民共和国文物保护法 | 152

附录二 中华人民共和国文物保护法实施条例 | 175

附录三 江西省文物保护条例 | 190

赣南客家围屋保护条例

（2018年11月6日赣州市第五届人民代表大会常务委员会第十六次会议通过，2018年11月29日江西省第十三届人民代表大会常务委员会第九次会议批准。根据2019年12月31日赣州市第五届人民代表大会常务委员会第二十五次会议通过，2020年3月27日江西省第十三届人民代表大会常务委员会第十九次会议批准《关于修改〈赣州市城市管理条例〉等3件地方性法规的决定》修正）

第一章 总　则

【本章为总则部分，共九条，分别规定了《赣南客家围屋保护条例》（以下简称《条例》）的立法目的、适用范围、基本原则；界定了市县政府及部门职责、乡镇职责与基层群众自治组织职责；明确了采取成立专家委员会、进行宣传研究和表彰奖励等方式，开展客家围屋保护。本章是对客家围屋保护相关法律问题的总体性、宏观性规范，具有总揽全局、提纲挈领的作用。】

第一条【立法目的和立法依据】

为了加强对赣南客家围屋的保护，传承客家优秀历史文化遗产，根据《中华人民共和国文物保护法》《中华人民共和国非物质文化遗产法》《江西省文物保护条例》等有关法律、法规的规定，结合本市实际，制定本条例。

【条文释义】

《条例》是为保护赣南客家围屋及客家优秀历史文化而制定的地方性法规，属于2015年《立法法》[1]第八十二条规定的设区的市、自治州的人民政府根据第八十二条第一款、第二款作出的历史文化保护方面的规定。

一、立法背景

《条例》是赣州市获得地方立法权限以来的第一部全面、系统地规范历史文化保护的地方性法规，《条例》的直接目的在于加强对客家围屋的保护和利用，使得客家围屋保护有法可依。党的十八大以来，文物保护工作比以往更受重视。《国务院关于进一步加强文物工作的指导意见》要求加强不可移动文物保护、制定鼓励社会参与文物保护的政策措施。中共中央办公厅、国务院办公厅印发的《关于加强文物保护利用改革的若干意见》明确健全文物保护利用法律制度和标准规范的要求。《江西省人民政府关于进一步加强文物工作的实施意见》中提出，全面提升我省文物保护利用水平，加快文化强省建设。党的十九大报告中，"加强文物保护利用和文化遗产保护传承"被写入坚定文化自信。对文物的保护利用是党和国家在新时期传承中华文明、强化文化自信、扩大文化国际影响力的重要举措。新时期对文物的保护利用需求，要求我们必须完善对客家围屋保护利用的法治规范体系。

---

[1] 为行文方便，本书中我国相关法律、法规名称中的"中华人民共和国"均省去。

赣州市是国家历史文化名城,赣南地区是客家人的发祥地、主要聚居地,有"客家摇篮"的美誉。客家围屋是我国富有特色的传统建筑形式,是客家文化的重要象征和载体,反映客家文化的民族、民俗文化及特色,具有很高的文物价值和历史文化价值。客家文化是赣州市最重要、最有特色的地域文化之一。客家围屋是我国富有特色的传统建筑形式之一,凝聚着客家人的勤劳智慧,是客家文化的重要载体和象征。赣州市是"客家摇篮",蕴含丰富的客家文化旅游资源,对客家文化的保护利用关系着"客家摇篮"这一重要名片的含金量。近年来,赣州市加大对客家文化的保护力度及客家文化与旅游的整合。2013 年,文化部批准赣州市设立国家级客家文化(赣南)生态保护实验区。2017 年,赣州市制订下发了《赣州市发展全域旅游行动方案(2017—2019 年)》,明确了"一核三区"的旅游产业发展布局,将龙南、全南、定南、安远四县划为客家文化旅游区,进行重点打造。市委、市政府高度重视,以高铁开通为节点,把建设"客家文化生态保护实验区"作为客家文化建设的重要抓手,把打造客家文化旅游区作为客家文化展现的重要载体,进一步促进文化旅游融合发展。《条例》的出台,是深化党和国家的文物保护政策、全面提升全省文物利用水平、坚定文化自信的重要内容。把客家围屋纳入地方性法规的保护范围,保护客家围屋的价值主要体现在以下几点。

(1)文物保护的价值。正如习近平总书记所强调,文物承载灿烂文明,传承历史文化,维系民族精神,是老祖宗留给我们的宝贵遗产,是加强社会主义精神文明建设的深厚滋养。保护文物功在当代、利在千秋。赣州市范围内的客家围屋有国家级文物保护单位 2 处、省级文物保护单位 11 处、县级文物保护单位 41 处。对赣州市客家围屋进行文物保护，既是为了解决人民日益增长的美好生活需要和不平衡不充分的发展之间的矛盾，也是为了所有与文物保护有关的人民福祉。赣南客家围屋在建筑样式、建筑工艺、文化底蕴、时代价值等方面均别有风味，是赣南地区不可多得的客家文化"活化石"。客家围屋既是客家文化载体，其本身也是制作精良的文物，理应受到重点保护。第三次全国不可移动文物普查数据显示，赣州市保存有各类客家围屋589座。然而，由于围屋主要是为防御匪患与野兽侵害而修建的防御性建筑，在治安稳定后，居民居住意愿并不强，现今一般无人居住，部分围屋缺乏维修保养、破败不堪、损坏严重。同时，由于城乡建设与征地拆迁、发展规划的速度加快，许多客家围屋面临人为因素的拆迁损毁危险。赣州市客家围屋不仅是广义的不可移动文物，同时也是华南地区地方民居建筑体系的"活化石"，提取、研究、保护客家围屋，有助于了解客家先民活动及地区建筑发展历史。

（2）传承中华文明的价值。习近平总书记强调："中华文化源远流长，积淀着中华民族最深层的精神追求，代表着中华民族独特的精神标识，为中华民族生生不息、发展壮大提供了丰厚滋养。"以赣南客家围屋为代表，其承载的客家文化，是中华先民在不断地斗争、迁徙、创造发展中形成的，是中华文化的重要组成部分。制定规范，构建集中统一、权威高效的客家围屋保护体系，着眼于客家文化的代际传承，具有传承中华文明价值的深远功效。赣南客家围屋是中华优秀传统文化的实物载体和中华民族历史记忆的传承纽带。加强赣南客家围屋的保护工作，对于全面提高我国文物保护工作的整体水平，统筹协调经济社会发展，传承历史文脉，具有十分重要的意义。

（3）强化文化自信的价值。"十四五"规划指出，要"深入实施中华优秀传统文化传承发展工程，强化重要文化和自然遗产、非物质文化遗产系统性保护"。客家围屋正是千百年来客家地区的中华儿女长期奋斗所创造的文化成果，反映了中华民族勤劳勇敢、自强不息的民族精神。赣州市行政区域内的赣南客家围屋数量众多，且绝大部分保存良好，具有较高的历史、艺术、科学、文化或者社会价值。通过制定地方性法规保护客家围屋，实现对客家围屋保护利用的全覆盖，致力于客家文化的存续保护，发掘利用其承载的文化价值，有益于强化中华民族的文化自信，有助于实现中华民族伟大复兴。

自1992年龙南燕翼围被列为县级文物保护单位起，赣州市客家围屋保护利用，取得了一定的成效。但在新时期文物保护的要求下，还存在以下问题。

（1）客家围屋保护利用缺乏具体的法律规范制度。法律先行是世界各国文物保护利用的经验，对客家围屋的保护需要充分发挥法律规范的作用。《文物保护法》《江西省文物保护条例》重视广义上文物保护的共性，忽视了客家围屋保护利用的个性。加之上位法对客家围屋的保护利用未能作出相关规定，使得对客家围屋的保护利用缺乏执法依据和指引，这就亟需地方针对此地方性事务制定规范。

（2）客家对围屋保护与利用的义务、责任不明确。在缺乏法律规范相关规定的情况下，主管机关具体职责不明，对于客家围屋的保护缺乏统一性的事前预防机制，往往是事后性补救，缺乏事前监管理念，致使保护效果不佳。并且，各类规划中关于国土空间规划的编制和实施未充分考虑不可移动文物保护管理需要，对客家围屋的利用关注甚少，缺少对客家围屋文旅价值的关注。

（3）保障机制与保护措施不足。现阶段，客家围屋的保护与利用缺乏自我造血能力，难以持续性保护。有些客家围屋在没有外界持续不断的投入或维护的情况下，不断破败凋敝。客家围屋的所有人和使用人在修缮过程中缺乏规范、指导；客家围屋的保护性利用及旅游经营单靠围屋所有人和使用人，及其所在行政单位的资源与力量，难以维系对其的科学保护和利用。对赣南客家围屋的保护利用需要财政保障及具体的保护措施。

二、立法目的

《条例》的立法目的包括以下几点。

（一）加强对符合条例规定的所有客家围屋的保护，完善对客家围屋的保护利用体系

《条例》制定的直接目的在于加强对客家围屋的保护和利用，使得客家围屋的保护、利用有法可依。《条例》制定的间接目的在于通过保护好、利用好客家围屋，进而传承客家优秀历史文化，将客家围屋打造成独具地域特色的赣州名片。《条例》将赣州市范围内的所有客家围屋依据标准划定保护范围，建立赣南客家围屋保护名录，弥补此前由于规范不全面而出现的客家围屋保护范围不周延、不缜密的问题。针对非文物保护单位具有较高历史、艺术、科学、文化或者社会价值的赣南客家围屋，《条例》列明了第二类与第三类保护名录标准，解决了保护范围过于狭隘的问题，对非文物保护单位的客家围屋保护也有法可循，使得客家围屋保护范围更加广泛，执法更加公正、规范化。《条例》的实施实现了客家围屋保护的制度化、法律化，是新时代科学立法、民主立法、依法立法，以良法促进发展、保障善治的体现。

（二）实现保护与利用的协调统一，注重文化价值与经济效益的有机衔接

保护与利用是赣州市客家围屋保护的两大基准点，也是《条例》的基本思路。《条例》将利用与保护结合，在文物保护的公共利益基础上鼓励产业发展与脱贫攻坚、乡村振兴。除了建立赣南客家围屋名录，扩展客家围屋保护利用的辐射范围，《条例》还就客家围屋的保护、利用和管理，针对《文物保护法》和《江西省文物保护条例》的相关规定进一步予以细化。一方面明确保护的范围、内容、方式、申报内容和程序、经费保障等要素，加强规范所保护对象的针对性和可操作性，将上位法中关于文物保护的内容相串联，实现客家围屋规范从模糊到科学立法。另一方面落实对客家围屋利用的法定化，在保护的基础上推进文物合理利用。在明确所有人和利用人的保护责任前提下，充分认识利用客家围屋对提高国民素质和社会文明程度、推动经济社会发展的重要作用，允许旅游和商业项目开发，并以旅游规划、维修保障等形式鼓励支持利用客家围屋这一文物资源。

第二条【调整对象和适用范围】

本市行政区域内赣南客家围屋的保护与利用，适用本条例。

本条例所称赣南客家围屋，是指历史上赣南居民为聚族而居建设的四面围合、有防御性设施的民居。

【条文释义】

一、关于《条例》的适用范围

（一）《条例》适用的地域效力和行为效力

（1）关于地域效力。本条第一款规定，本市行政区域内赣南客

家围屋的保护与利用，适用《条例》。按照这一规定，《条例》适用的地域效力及于赣州市行政区域内的赣南客家围屋。行政区域一般指行政区划，行政区划是行政区域划分的简称，是国家为了进行分级管理而实行的区域划分。因此，《条例》适用范围如下，在赣州市市辖赣县、章贡、南康3个市辖区，以及大余、上犹、崇义、信丰、龙南、定南、全南、安远、宁都、于都、兴国、会昌、石城、寻乌14个县，代管瑞金1个县级市，共18个县级行政区。

（2）《条例》的行为效力。依据本条第一款之规定，《条例》适用的对行为的效力，是指在赣州市行政区域范围内的，任何单位和个人有关赣南客家围屋的保护行为与利用行为以及违反《条例》规定的行为。

（二）关于《条例》适用的主体

《条例》适用的主体是在赣州市范围内的单位和个人。这里的单位既可以是我国的法人和其他组织，也可以是外资企业和其他组织；个人可以是中国公民也可以是外国公民。《条例》适用的行为——赣南客家围屋的保护和利用行为，并不局限于直接与赣南客家围屋有关的保护与利用，也包括保护范围内的行为控制与发展规划、旅游规划。但应注意的是，《条例》同时对部分行政机关赋予了具体的保护利用职责，因此，任何单位与个人，以及负有职责的行政机关，其行为只要涉及赣州市行政区域内的赣南客家围屋的保护和利用以及事关赣南客家围屋的保护范围、发展规划的事项，都应当遵守《条例》。

二、关于赣南客家围屋的概念

本条第二款规定："本条例所称赣南客家围屋，是指历史上赣南居民为聚族而居建设的四面围合、有防御性设施的民居。"明确了本《条例》所指的客家围屋的概念。即本市范围内，且具有为聚族而居、四面围合、有明确防御性设施，本质上属于客家民居等特征。赣南客家围屋是指现存于赣州市域内的一种防御性的，为依客家传统聚族而居建造的民居类建筑，与福建省的客家土楼、广东省的客家围拢屋一起并称为客家建筑的典型代表。这种建筑一般占地面积较大（多在1000平方米以上），多呈"国"字形和"口"字形，四面围合、外墙厚实，外墙及四角中常设有炮楼、枪眼等，内部除有众多的居住性质的房间外，还常设有祠堂、水井、粮柴库房等。赣州市客家围屋主要分布于龙南县、定南县、全南县、寻乌县、安远县等，自20世纪80年代开始受到国内外关注。根据2011年第三次全国文物普查统计，赣南现在有形状（除了遗址）的围屋372座。其中又以龙南围屋最具代表性，也最集中，现尚存219座。这些围屋中，有国家级文物保护单位2处、省级文物保护单位11处、县级文物保护单位41处，其中比较著名的围屋有龙南县的关西围、燕翼围、乌石围，全南县的雅溪围，定南县的虎形围、明远第围和安远县的东生围等；2012年，赣南客家围屋入选世界文化遗产预备名录。

结合《条例》第二章保护名录制度的内容，《条例》保护的赣南客家围屋，实际上是对符合资质，被列入名录的第一类、第二类、第三类具有较高历史、艺术、科学、文化或者社会价值的赣南客家围屋进行保护和利用。

第三条【客家围屋保护的原则】

赣南客家围屋的保护应当贯彻保护为主、抢救第一、合理利用、加强管理的方针，维护其真实性、完整性和可持续性，实现保护、利用与传承相协调。

【条文释义】

任何立法行为都离不开法律原则的指导。法律原则直接决定了法律制度的基本性质、基本内容和基本价值取向。要实施好《条例》，必须在正确理解这些原则的事实基础和规范基础上，将其贯彻到客家围屋保护的各个环节。客家围屋的特点是建筑时间长、易损坏、损坏原因繁多且复杂，一旦损坏，修复困难且成本高昂。赣南客家围屋保护工作应当根据这些特点，坚持保护为主、抢救第一、合理利用、加强管理的方针，优先保障现有客家围屋的保护工作，并针对不同的损坏程度及实际状况建立不同的管理机制、采取不同的措施，保护其真实性、完整性和可持续性，实现赣南客家围屋保护、利用与传承相协调的目的。

一、《条例》出台前客家围屋保护的主要问题

一是保护不足，客家围屋的文物价值严重降低。除了几处著名的客家围屋，其余客家围屋的保护并不受到重视。客家围屋有"汉晋坞堡的活化石"等美誉，具有很高的文物价值。但随着人们生活水平的提高和住户的外迁，客家围屋逐渐无人居住，也无人维护修缮。客家围屋由最初的繁华热闹逐渐冷清，也由于缺少维护修缮损坏日益严重。例如，龙南市第三次全国文物普查时共有围屋376座，至2017年普查时仅剩255座；定南县2017年普查，全县保存有大小围屋110多座；安远县历史上曾建有围屋数百座，2005年安远县博物馆对全县围屋进行调查，基本完整的围屋有50余座，2008年普查登记完整的围屋20余座。由于保护维修资金的投入不够，一些因年久失修而濒临倒塌的客家民居得不到及时的保护维修而逐渐消失。随着农村生活环境的改善，新农村建设的深入及对空心村的改造，一些客家围屋被拆除，濒危状况难以改变。

二是供给客家围屋保护利用的资源分配不均衡。为了切实保护客家围屋这一重要文化遗产，2017年，赣州市下发了《关于对全市围屋保存现状进行普查的紧急通知》。在各县普查的基础上，赣州市文广新局和赣州市博物馆组织专业人员到信丰、龙南、全南、定南、安远、寻乌、于都实地核查，经过普查，发现赣州市共有围屋589座。但是，对于这些围屋应当如何保护？这些围屋的突出历史、艺术、科学、文化或者社会价值显然是有所差异的。在本条例的立法工作及其早期准备工作实施前，对围屋的保护及利用工作主要集中于几个著名的客家围屋，对其他客家围屋投入的资源并不充分。

三是保护与利用之间的关系未能厘清，导致利用束手束脚、保护不足。对客家围屋不能只单纯地进行保护，还应当考量对保护责任人及客家围屋所有人、使用人、管理人的激励手段。在保护中进行利用，可以创造收益激励相关责任人，是目前客家围屋保护利用的一大特点。许多地方对围屋保护和合理利用进行了有益尝试，纷纷推出"围屋+文化"模式，打造出了包括但不限于村史馆、民俗馆、博物馆、文化创意馆和非遗传习所等利用形式。这些合理尝试既能推进乡村旅游与振兴，又为围屋的突出历史、艺术、科学、文化或者社会价值提供了合理的展示平台与展现方式。这些合理利用的限度应当如何？合理利用与客家围屋保护之间孰先孰后？这是在本条例出台之前，客家围屋保护利用工作中的一大问题。

二、关于保护为主、抢救第一、合理利用、加强管理的工作方针

保护为主、抢救第一、合理利用、加强管理的工作方针，是基于客观事实和法律规范的要求，也是对客家围屋保护经验教训的科

学归纳、总结。《文物保护法》第四条规定，文物工作贯彻保护为主、抢救第一、合理利用、加强管理的方针。2017年印发的《国家文物事业发展"十三五"规划》的"切实加大文物保护力度"中提出，坚持分类指导，突出重点，加强基础，实现由注重抢救性保护向抢救性与预防性保护并重转变，由注重文物本体保护向文物本体与周边环境、文化生态的整体保护转变，确保文物安全。

保护为主是指在客家围屋的保护利用工作中，通过计划、规划及各种管理手段，采取保护性措施，保护现存的赣南客家围屋。第三次全国文物普查数据显示，赣州市保存有各类客家围屋589座。然而，由于客家围屋主要是为防御匪患与野兽侵害而修建的防御性建筑，在治安稳定后，居民居住意愿并不强，现今一般无人居住，部分围屋缺乏维修保养、破败不堪、损坏严重。同时，由于城乡建设与征地拆迁、发展规划的速度加快，许多客家围屋面临人为因素的拆迁损毁危险。因此，赣南客家围屋亟须立法保护，保护为主也是当前的客家围屋保护主题。保护为主强调的是，要以保护为主要目的，保护是后续利用和管理的基础工程。客家围屋属于不可移动文物，是不可再生的文化战略资源。同时，保护为主是针对过往对客家围屋的保护不足、利用不规范所提出的要求，对客家围屋的保护利用应在确保文物安全的前提下进行。因此，保护为主原则不是僵化的，而是支持客家围屋保护由抢救性保护向抢救性与预防性保护并重转变、由注重客家围屋本体保护向文物本体与周边环境整体保护并重转变的活用。在保护过程中，应当根据客家围屋的价值大小、保存现状，按轻重缓急调整措施。

抢救第一是建立在客观事实基础上的，是保护优先原则的活用。在现阶段赣州市客家围屋保存现状相对较差的情况下，抢救出一批具有保护价值和面临破坏危险的客家围屋，是第一位的。在抢救的过程中，针对客家围屋的保护修缮工作，应该尽可能地保留建筑原有面貌，但应当服膺于抢救第一的基本原则。在修复客家围屋时，对赣南客家围屋的建筑维持是第一位的，修缮与维护应当以保持建筑不损毁、不坍塌为前提。在符合法律、法规规定的前提下，《条例》还允许在第二类客家围屋维护修缮过程中进行适当、可逆的改造，对第三类客家围屋，允许在维护修缮过程中进行适当的基础设施改造，添加必要的生活设备和设施。这些维护修缮举措都是"抢救第一"的活用，是为了更好地延续客家围屋的建筑价值、文化价值、使用价值。

合理利用是针对利用现状而言的。赣州市客家围屋的特点是分布散、数量多，不同围屋的建造时间、历史价值、建造工艺、建筑规模、留存现状也基本不同。因此，需要科学、系统地合理利用，针对不同客家围屋的完整程度、价值等不同的状况来进行分级分类的保护和利用。对于符合要求，可以承受一定利用损耗的客家围屋，适度合理利用。在客家围屋利用过程中也应当合理化，例如，对于作为商业性开发项目的客家围屋，要在保护责任书中载明义务，要求进行定期风险排查或对展示开放时间进行限制。

加强管理是基于客家围屋的保护等级进行分类保护。在加强管理的过程中，根据年代、形制、规模、文化、特殊性等方面进行分类分级。对客家围屋进行分级依据的是其突出的历史、艺术、科学、文化或者社会价值。并且，分级保护制度在《文物保护法》中早有论述。《文物保护法》将各类文物依据其价值高低分为珍贵文物和一般文物；珍贵文物又分为一级文物、二级文物、三级文物。然后，再依据文物等级的区别，对其分类保护。按价值高低，对既有的赣南客家围屋进行鉴别、区分等级，进而采取不同的养护策略，是客家围屋保护管理的一项重要原则，也是一项复杂而细致的工作。对具有代表性、特殊性的客家围屋进行全面性、重点性地保护，根据分级分类不同进行管理。对第一类围屋优化资源、重点保护，对第二类围屋、第三类围屋及其余客家围屋可进行妥善保护、定时排危。通过加强管理举措，对所有人和使用人的行为加以规范化。在分级的基础上，优化财政资金保障，满足新形势下赣南客家围屋保护工作的迫切需要。

三、关于真实性、完整性和可持续性

本条规定，对赣南客家围屋要维护其真实性、完整性和可持续性。国家文物局发布的《关于加强尚未核定公布为文物保护单位的不可移动文物保护工作的通知》要求，保护过程中应遵循不改变文物原状和最小干预原则，全面保存、延续文物的真实历史信息和价值。关于真实性、完整性和可持续性的规定，是基于文件精神及客家围屋的教育价值、文化价值与经济价值的总结凝练。在确保所有人、使用人和管理人合理权益的基础上，维护客家围屋的真实性、完整性和可持续性。

（1）真实性。客家围屋的价值在于其作为不可移动文物，自身所承载或代表的历史价值、文化价值、科研价值。客家围屋不仅反映建筑文化，还蕴含极具地域特色的、丰富的非物质文化，保护、展示和阐释这些文化不仅是对地域文化的传承与弘扬，更可以将之作为精神文化教育的场所。尽可能地保留客家围屋的真实性，使其风貌得以留存，对后续的利用有所裨益。所以，在对客家围屋建筑保护利用的同时，要保证其真实性。

（2）完整性。赣南客家围屋的保护和其周边的自然环境、文化

环境是一个有机整体。过去对赣南客家围屋的保护，往往着眼于客家围屋本体的保护，而忽视了客家围屋的历史环境与其他要素，如非物质文化遗产的保护与利用。所以在对客家围屋进行保护利用的同时，也要注重对围屋所处环境的整体保护。

（3）可持续性。可持续性原则是指对赣南客家围屋建筑的利用和保护，是可持续性的，《条例》意在构建保护的长效机制，而长效机制要求可持续性的保护，而非"运动式"保护。比如根据客家围屋价值大小、保存现状等要素进行分类别的保护利用，避免资源分配不均。同时，在保护和抢救之外，加强管理和合理利用，才能确保保护方式和利用方式是可持续性的。

四、关于保护、利用与传承相协调

客家围屋的保护作为一项目标非常明确的管理活动，就是要利用和整合现有资源，提高城市的文化实力和竞争力，充分满足居民物质文化需要，提高居民生活质量。保护、利用与传承相协调是国内外不可移动文物保护的经验总结。赣南客家围屋作为客家文化的重要载体，是客家先民留下的一笔宝贵的文化遗产。在重视客家围屋保护的同时，不能因噎废食，放弃对客家围屋的客家文化旅游开发，而应规范不当的开发利用。将保护、利用与传承相协调写入原则，意在避免保护过度，以免客家围屋失去其旅游开发、文化教育等方面的经济效益，发挥其传承客家文化、推动客家文化旅游开发的作用。同时，将传承置于保护与利用之中，可以尽量避免保护与利用脱离实际效用，防止客家围屋传统文化价值的淡化。采用边使用边保护的方式来活化客家围屋时，要避免过度开发，防止客家围屋被破坏。

赣南客家围屋拥有历史、经济、艺术等无形价值，既要看到其作为不可移动文物的一面，又要看到对其加以利用作为文旅资源的一面。保护与利用是可以相互促进的。比如，赣南客家围屋封闭起来不用、不维护反而会加速其损坏。我国各级各类文物保护单位和不可移动文物的利用是旅游业发展的重要组成部分。文物界注重文物保护和利用的本体真实性，旅游界强调旅游者的体验感，两者有关联也存在一定差异。文旅融合与文物保护利用的互补促进，一直都在不断探索进行之中，对赣南客家围屋的保护利用，也将以这种趋势进行。在保护客家围屋建筑的同时，还将其文化价值等方面灵活利用起来，使客家围屋的经济价值和社会价值得到充分发挥。在法律法规允许的范围内对其合理利用，还能满足人民日益增长的美好生活需要，有助于解决人民日益增长的美好生活需要和不平衡不充分的发展之间的矛盾。

第四条【政府及部门职责】

市、县级人民政府负责本行政区域内赣南客家围屋的保护工作，将赣南客家围屋保护纳入国民经济和社会发展规划，建立赣南客家围屋保护工作责任制和联动机制，统筹做好城乡建设发展中赣南客家围屋保护工作。

市、县级人民政府文物主管部门对本行政区域内的赣南客家围屋保护实施监督管理。

发展改革、自然资源、住房和城乡建设、财政、农业农村、交通运输、生态环境、公安、应急管理等部门应当按照各自职责，做好赣南客家围屋保护的相关工作。

【条文释义】

职责是指任职者为履行一定的组织职能或完成工作使命，所负责的范围和承担的一系列工作任务,以及完成这些工作任务所需承担的相应责任。文物保护作为政府职能的一部分,在很大程度上也依赖法律和行政规制的方式开展。[1]确定市、县级人民政府及市、县级人民政府文物主管部门实施监督管理的法定职责,是落实《国家文物事业发展"十三五"规划》要求的加大层级监督,充实文物行政执法力量的举措。

一、市、县级人民政府在客家围屋保护工作中的职责

市、县级人民政府在客家围屋保护工作中的职责是依据上位法规范而制定的。《文物保护法》第八条第二款明确规定,地方各级人民政府负责本行政区域内的文物保护工作。本条的规定是根据《文物保护法》的上述规定作出的。《文物保护法》第十条第一款规定,国家发展文物保护事业。县级以上人民政府应当将文物保护事业纳入本级国民经济和社会发展规划,所需经费列入本级财政预算。

本条第一款规定了在赣南客家围屋保护工作中市、县级人民政府的职责。地方政府要对本级行政区域内的客家围屋保护负责,这也意味着,保护客家围屋成为法定职责。如果市、县级人民政府违反此规定,应当承担相应法律责任及被行政问责。根据法条中明确的属地原则,市级人民政府负责本市客家围屋保护工作的宏观统一领导,县级人民政府作为中观管理者,统筹做好城乡建设发展中客家围屋保护工作。由于客家围屋作为不可移动文物的特殊性,还牵涉国民经济和社会发展规划布局。过往因为缺少法定规范,各级人

---

[1] 王云霞、胡姗辰:《公私利益平衡:比较法视野下的文物所有权限制与补偿》,载《武汉大学学报(哲学社会科学版)》2015年第6期。

民政府不便将客家围屋保护纳入国民经济和社会发展规划。《条例》第四条的规定为解决上述问题提供了法律依据。县级人民政府的具体职责还包括划定第二类赣南客家围屋的保护范围和建设控制地带，报市级人民政府批准。同时，市、县级人民政府还有义务建立客家围屋保护工作联动机制，使各职能部门之间相互配合、相互协作，从而有效提高保护效率。本条规定意在压实客家围屋保护工作责任制，通过将其纳入保护规划及建立工作责任机制，做到客家围屋保护的权责统一。《条例》第三十一条规定，市、县级人民政府应当将赣南客家围屋的保护与利用纳入本级旅游规划。赣南客家围屋所在地集体经济组织可以利用赣南客家围屋、自然资源发展文化旅游、乡村旅游，鼓励当地村（居）民从事旅游经营等相关活动，明确当地村（居）民合法权益的保障措施。由此，市、县级人民政府还有将客家围屋的保护利用纳入本级旅游规划的职责。

二、市、县级人民政府文物主管部门的职责

《文物保护法》第八条第三款明确规定，县级以上人民政府有关行政部门在各自的职责范围内，负责有关的文物保护工作。本条第二款规定，市、县级人民政府文物主管部门对本行政区域内的赣南客家围屋保护实施监督管理，明确了文物主管部门在客家围屋保护工作中的主体地位。具体而言，在客家围屋保护的日常工作中，文物主管部门负有为客家围屋保护利用拟定发展方针和规划、组织客家围屋资源调查、指导客家围屋保护宣传工作、协调和指导客家围屋保护工作、追究违法行为人法律责任、监督管理等具体职责。将文物主管部门的客家围屋保护从原则性规定转向法定化、制度化，便于文物主管部门更好地对赣南客家围屋进行保护、利用和管理。

三、其他相关部门的职责

《条例》除了规定文物主管部门对本行政区域内的赣南客家围屋保护实施监督管理，还规定了其他有关部门的监管职责。在赣南客家围屋保护工作中，其他部门主要指发展改革、自然资源、住房和城乡建设、财政、农业农村、交通运输、生态环境、公安、应急管理等部门。客家围屋保护工作存在涉及面广、保护难度大的特点。例如，客家围屋保护利用过程中牵涉的城乡规划涉及规划部门、保护范围内的建筑涉及城乡建设、财政支出保障牵涉财政，包括在后续的利用管理中，发展改革、旅游、交通、生态环境等部门都可能会有序参与。各部门的具体职责如下。

（1）发展改革部门的主要职责。《条例》第三十一条第一款规定，市、县级人民政府应当将赣南客家围屋的保护与利用纳入本级旅游规划。因此，发展改革部门主要职责为会同文物主管等部门，编制客家围屋保护利用及旅游规划。

（2）自然资源部门的主要职责。依据《条例》第十六条规定，自然资源部门有联合文物等有关部门编制赣南客家围屋保护发展规划，报市人民政府批准并向社会公布的职责。

（3）住房与城乡建设部门的主要职责。协助县级人民政府划定赣南客家围屋的保护范围和建筑控制地带。城乡建设规划中的建筑控制地带和保护范围内的工程建设项目，其工程设计方案应当根据赣南客家围屋的等级，经相应的文物主管部门同意后，报城乡建设规划部门批准。

（4）财政部门的主要职责。《条例》第三十六条明确规定，市人民政府应当为纳入保护名录的赣南客家围屋保护提供奖补资金。县级人民政府应当根据本地实际安排赣南客家围屋保护资金，列入本级财政预算。第三十九条规定，任何单位和个人不得违反法律、法规的规定使用赣南客家围屋保护资金。财政、审计等部门应当按照各自职责，对政府投入资金的使用情况进行监督检查。因此财政部门有为客家围屋提供资金保障和监督的相关职责。

（5）农业农村部门的主要职责。《条例》第三十一条第二款规定，赣南客家围屋所在地集体经济组织可以利用赣南客家围屋、自然资源发展文化旅游、乡村旅游，鼓励当地村（居）民从事旅游经营等相关活动，明确当地村（居）民合法权益的保障措施。因此，农业农村部门为实现脱贫攻坚及乡村振兴目标，应协助配合文物主管部门、规划部门等做好利用方案。对于涉及需严格管控农用地的，应会同生态环境部门根据需要采取风险管控措施。

（6）交通运输部门的主要职责。与文物主管部门、会同市文广新旅局规划旅游路线及完成路线的相关开发建设。依法落实加强赣南客家围屋所在地的基础设施建设，完善道路等生活服务设施。

（7）生态环境部门的主要职责。生态环境部门职责，是在文物保护单位的保护范围和建设控制地带内，对可能影响文物保护单位安全及其环境的活动进行排查，对已有的污染文物保护单位及其环境的设施，限期治理；将客家围屋保护纳入环境保护规划编制。生态环境部门应对在客家围屋保护范围和建设控制地带内的污染进行监测；对已有的污染文物保护单位及其环境的设施限期治理；对在保护范围内或建设控制地带内实施污染设施的进行处罚。

（8）公安部门的主要职责。依据《条例》第四十一条及第四十三条规定，公安机关有对违法行为进行警告、罚款，对涉嫌犯罪的依法追究刑事责任的职责。

（9）应急管理部门的主要职责。客家围屋因历史悠久，可能年久失修、白蚁灾害严重。应急管理部门的职责在于加强客家围屋的安全防范、消防措施等的落实，针对灾害预防和白蚁防治做好应对及预案。

第五条【乡（镇）人民政府、街道办事处职责】

乡（镇）人民政府、街道办事处负责本行政区域内赣南客家围屋的保护工作，履行以下职责：

（一）配合做好赣南客家围屋保护发展规划的编制；

（二）加强赣南客家围屋周边环境整治；

（三）协助落实赣南客家围屋灾害、白蚁防治责任和措施；

（四）指导、督促赣南客家围屋所有人、使用人或者管理人合理使用赣南客家围屋，依法制止违反赣南客家围屋保护规定的行为；

（五）指导、督促村（居）民委员会开展赣南客家围屋保护工作。

【条文释义】

一、乡（镇）人民政府、街道办事处在客家围屋保护工作中的职责

乡（镇）人民政府和街道办事处作为基层行政机关，最了解本地区客家围屋情况，法律、法规及政策落实亟需乡（镇）人民政府和街道办事处发挥关键作用。

本条明确了乡（镇）人民政府和街道办事处在客家围屋保护工作中的职责，以便对客家围屋进行及时有效的保护。2017年印发的《国家文物事业发展"十三五"规划》的"切实加大文物保护力度"部分的要求中提出，由注重文物本体保护向文物本体与周边环境、文化生态的整体保护转变，确保文物安全。本条中的保护发展规划编制、周边环境整治，其实就是由客家围屋本体保护向整体保护的转变。

客家围屋所在地的乡（镇）人民政府、街道办事处应当依据《条例》履行本区域的客家围屋保护职责，具体来说主要有以下内容：(1)加强客家围屋周边环境整治和管理，力求保持客家围屋原有的历史风貌；(2)依法制止违反客家围屋保护规定的行为，客家围屋所有人、使用人或管理人破坏客家围屋本体或者部分构件时，乡（镇）人民政府一方面应该报告给当地文物主管部门，另一方面也应当及时劝阻并制止违反《条例》的相关活动；(3)指导、支持村（居）民委员会开展相应的客家围屋保护工作，具体而言，乡（镇）人民政府应该给予基层群众自治组织必要的政策或技术指导，并支持村（居）民委员会科学开展客家围屋维护、管理和利用工作。

二、乡（镇）人民政府与上级人民政府、基层群众自治组织的职责衔接

（一）落实市、县人民政府及文物主管部门的有关要求

乡（镇）人民政府在客家围屋保护工作中的职责主要是配合性、补充性的，主导权和主要保护职责在于上级人民政府及其文物主管部门，其工作任务主要是落实上级政府及其文物主管部门的要求，做好辅助性工作。乡（镇）人民政府需要配合市、县人民政府做好赣南客家围屋保护发展规划的编制，在保护发展规划中积极配合、建言献策。除了加强赣南客家围屋周边环境整治，乡（镇）人

民政府还有协助文物主管部门落实赣南客家围屋灾害、白蚁防治责任和措施的职责。

（二）指导、督促村（居）民委员会开展赣南客家围屋保护工作

赣南客家围屋大多远离市区，地处偏远、交通不便，即使是乡（镇）人民政府，对客家围屋的管理也时感力不从心。客家围屋的保护工作需要依靠基层群众自治组织的协助与配合。乡（镇）人民政府给予基层群众自治组织必要的政策或技术支持，并指导村（居）民委员会科学开展客家围屋维护、管理和利用工作。

第六条【村（居）民委员会职责】

赣南客家围屋所在地的村（居）民委员会具体做好以下工作：
（一）协助做好赣南客家围屋保护发展规划的编制；
（二）配合做好赣南客家围屋保护的宣传工作；
（三）协助开展赣南客家围屋的灾害、白蚁防治工作；
（四）制定村规民约，规范村（居）民保护利用赣南客家围屋的行为；
（五）劝阻、制止、报告违反赣南客家围屋保护规定的行为。

【条文释义】

赣南客家围屋大多远离市区，地处偏远、交通不便，对客家围屋的管理难度大，客家围屋的保护工作需要依靠基层群众自治组织的协助与配合。

一、村（居）民委员会的职责

基层群众自治组织，是中国在城市和农村按村（居）民的居住地区建立起来的居民委员会或者村民委员会，是城市居民或农村村

民自我管理、自我教育、自我服务的组织。村委会、居委会作为基层群众自治组织，其参与客家围屋保护利用工作的基础，是由基层群众自治制度所决定的。根据《宪法》《村民委员会组织法》《城市居民委员会组织法》等法律规定，村委会、居委会作为基层群众自治组织，主要负责办理自治单元内的公共事务与公益事业，调解民间纠纷，协助维护社会治安，向人民政府反映群众的意见、要求和提出建议。本条规定中的"赣南客家围屋所在地的村（居）民委员会具体做好以下工作"，实际确立了属地管理原则。基层群众自治与人民群众的切身利益密切相关，能够直接反映人民群众的利益诉求，基层群众自治同样直接参与基层公共事务和公益事业的管理，由基层群众自治参与客家围屋保护正是其参与公益事业管理的体现。

村（居）民委员会的具体职责有：（1）协助做好赣南客家围屋保护发展规划的编制，包括但不限于在发展规划编制中帮助收集资料、测绘数据等。（2）配合做好赣南客家围屋保护的宣传工作。客家围屋是赣南的一大文化瑰宝，但转换为"文化名片"亟须各方面的宣传工作发力。除了政府及其主管部门切实履行职责，还需发挥基层群众自治组织的宣传力量。（3）协助开展赣南客家围屋的灾害、白蚁防治工作。客家围屋的灾害及白蚁问题是客家围屋遭到破坏的主要原因之一，为了实现保护为主与抢救第一的工作方针，村（居）民委员会理应担负防范自然灾害及虫害的相应责任。（4）制定村规民约，规范村（居）民保护利用赣南客家围屋的行为。除了对自然灾害的预防，还应避免人为破坏，以村规民约形式调动居民参与保护的积极性和主动性，同时利用村规民约的规范作用对不当行为进行一定的规范及约束。（5）劝阻、制止、报告违反赣南客家围屋保护规定的行为。对于村（居）民委员会管理范围外的成员违反客家围屋保护条例的行为，基层群众自治组织难以用村规民约约束。此时，村（居）民委员会负有劝阻和制止违法行为的义务。劝阻和制止仍无效，或已造成实际损害的，应同时向所在地的乡（镇）人民政府和文物主管部门报告。

村（居）民委员会的具体职责是履行协助义务，不是具体执行义务。以基层群众自治组织为载体开展的自治活动，其目的是通过群众自治与政府治理的互动，串联并整合个体利益与社会公共利益。在客家围屋保护工作中，协助义务的目的在于利用基层群众自治组织对辖区公民文明行为的信息整合与组织动员优势，参与客家围屋保护活动，辅助客家围屋保护工作的开展。按照协助行为的一般理解，作为协助方的基层群众自治组织需要以被协助方即政府的协助需求为前提，而不能自作主张、自我赋权参与政府文明行为促进活动。

二、制定村规民约，规范村（居）民保护利用赣南客家围屋行为

在实施赣南客家围屋保护工作时，基层群众自治组织除了相应的辅助性任务及劝阻、制止、报告义务，还需要对自治组织内部人员进行规范和约束，实现对赣南客家围屋的全方位保护。近代以来，村规民约从民间法则逐渐演变为衔接国家法律政策和乡土风俗民情的基层治理规范。民间规约具有民间性、乡土性、自治性、成文性等特点，和国家法律、私人契约之间既不存在泾渭分明的分野，也从来不是分庭抗礼的关系。因此，制定村规民约并不是要否定《文物保护法》《条例》等法律法规保护客家围屋的价值，而是在正式的法律规范之外，确定相应的非正式约束机制。在价值功能

方面，村规民约作为村民群体内部的习惯、惯例，可实质性起到约束村民群体行为的作用。村规民约通过村民之间达成合意，实现内部的、具体化的约束机制，把国家法律、政策规定的相关内容乡土化、具体化，因而更具可执行性、可理解性与可操作性。

本条第四项规定："制定村规民约，规范村（居）民保护利用赣南客家围屋的行为。"该项是对基层群众自治组织职责的补充，旨在鼓励客家围屋所在地的基层群众自治组织辅助执行上级任务的同时，积极主动展开对组织内部的规范、约束。即利用村规民约的形式，一方面调动村民、居民参与积极性和主动性，形成相对完善的管理、巡查、修缮和保养机制；另一方面对组织内部关于客家围屋的保护及利用活动进行一定程度的规范和约束。在制定村规民约的过程中，还应当注意吸纳村民意见、优化制定程序、保证内容公平公正等方面。基层群众囿于自身知识水平和信息获取成本等方面，可能对《条例》不甚关注，因而《条例》所预设的法律责任及行为约束等功能不易实现。而村规民约因为结合了当地情况，更贴近生活，更容易被理解和接受。此外，《村民委员会组织法》第二十七条规定，村民会议可以制定和修改村民自治章程、村规民约，并报乡、民族乡、镇的人民政府备案。村民自治章程、村规民约以及村民会议或者村民代表会议的决定不得与宪法、法律、法规和国家的政策相抵触，不得有侵犯村民的人身权利、民主权利和合法财产权利的内容。据此，针对客家围屋保护所制定的相关村规民约，其内容不得与《文物保护法》《文物保护法实施条例》《江西省文物保护条例》以及本条例的内容相悖。

第七条【客家围屋保护专家委员会】

市人民政府成立赣南客家围屋保护专家委员会。

赣南客家围屋保护专家委员会由文化、文物、考古、历史、规划、旅游、建筑、土地、社会、经济和法律等领域专家组成，负责赣南客家围屋保护利用的咨询、指导、评估相关工作，日常工作由市人民政府文物主管部门负责。

【条文释义】

赣州市历史发展的一项重要实物见证就是客家围屋，客家围屋具有的历史价值丰富，具有显著的不可复制特征，客家围屋的保护与利用对赣州市客家历史文化的有效弘扬起到了至关重要的作用。

一、关于成立赣南客家围屋保护专家委员会

本条第一款规定："市人民政府成立赣南客家围屋保护专家委员会。"这一规定明确了市人民政府成立赣南客家围屋保护专家委员会的责任。赣南客家围屋保护专家委员会负责赣南客家围屋保护利用的咨询、指导、评估相关工作，专家委员会的成员可以由部门专家与社会专家共同组成，具体成员的聘请可以根据需要决定。

2004年《全国重点文物保护单位保护规划编制审批办法》第八条规定，国家鼓励文物保护规划理论和技术的研究、创新与运用，提倡多学科结合，提高文物保护单位保护规划的编制水平。赣南客家围屋保护专家委员会由文化、文物、考古、历史、规划、旅游、建筑、土地、社会、经济和法律等多学科和多领域专家组成，利用专家所掌握的专业知识、相关信息等，对赣南客家围屋保护中的专业性、技术性较强的事项进行咨询、指导、评估。赣南客家围屋的保护工作是一项复杂工程，牵涉规划、土地、环境、经济、法律等多方面事项，文物主管部门及其工作人员不可能样样精通，不免存在专业性不足的缺陷，需要专家对相关信息和标准进行咨询、

指导、评估,这既是国家文物局相关文件精神的要求,也是赣州市过往成熟经验的总结。

在关于文物认定的机构和人员方面,2009年《国家文物局关于贯彻实施〈文物认定管理暂行办法〉的指导意见》规定,文物认定的决定由县级以上地方文物行政部门作出。县级以上地方文物行政部门可以直接进行文物认定,也可以设置专门机构或委托有条件的文物、博物馆事业单位开展认定工作,但是不得委托社会中介机构。本条中的赣南客家围屋保护专家委员会,就属于指导意见中的文物认定机构和人员。同时,文物行政部门应当加强对现有机构和人员的培训,不断提高文物认定工作水平。

2017年《赣州市人民政府办公厅关于印发〈赣南围屋抢救性保护维修实施方案〉的通知》在"完善保护维修保障机制"部分规定,成立由文物、财政、规划、国土、旅游等部门专家为主的赣南围屋保护利用专家组。专家组可以完成专业性及复杂性难题的分析评估。例如,申报第二类、第三类赣南客家围屋保护名录是由专家委员会作出评估确认再行上报批准。这一规定的目的,是论证除第一类及第二类客家围屋,对"其他具有较高历史、艺术、科学、文化或者社会价值的赣南客家围屋"的认定。对这些价值的认定是专业性的,又是跨学科的,因此需要组建专家委员会进行咨询及分析评估,这是全方位、全过程地对客家围屋进行更全面地保护的现实需求。同时,具体问题应具体分析,在客家围屋保护工作的不同阶段,对其保护利用需要不同专业、不同构成的专家进行咨询、指导、评估。《条例》第二十六条规定,赣南客家围屋所有人、使用人或者管理人对赣南客家围屋进行维护修缮时,县级人民政府文物主管部门应当提供信息和技术指导。县级人民政府的文物主管部门专业性水平不足时，可以向市级人民政府文物主管部门申请专家委员会的咨询意见。例如，在对第二类、第三类客家围屋的保护修缮过程中，对不影响主体结构和围屋历史风貌的改造的认定，由专家负责审核确定。针对具体的维修保护客家围屋名单、围屋保护维修工程指导和验收，专家委员会可以根据客家围屋保护利用价值进行区分，对客家围屋的保护工作提出针对性、综合性和跨学科性的意见，从而更好地保护客家围屋。

本条原则上明确了专家委员会的主要任务，即"负责赣南客家围屋保护利用的咨询、指导、评估相关工作"。而根据《条例》第十一条的规定，可以参照专家委员会的咨询意见，但最终决策权在文物主管部门及赣州市人民政府。

二、关于赣南客家围屋保护利用的咨询、指导、评估相关工作

赣南客家围屋保护专家委员会在客家围屋保护中所负责的工作，主要是客家围屋保护利用的咨询、指导、评估相关工作。本条规定"日常工作由市人民政府文物主管部门负责"，是指专家委员会不过多参与客家围屋保护的日常工作，仅负责赣南客家围屋保护利用的咨询、指导、评估相关工作。客家围屋的保护利用日常工作由市文物主管部门（市文广新局）牵头。

（1）对客家围屋的日常性修缮、维护等保护工作。对客家围屋的修缮维护需要考虑使用者的生活需求，保留其居住功能的同时，保护好客家围屋所代表的非物质文化遗产及其文化价值。

（2）对客家围屋的利用。客家围屋建筑现有的不合理之处，可暂时维持现状，并及时制止后续损害行为，待时机成熟再进行修复，最终达到保护文物建筑的目的。

（3）保护和利用过程中的多元协调和利益平衡机制。在对赣南客家围屋的保护利用过程中，还应注意多元主体的协调与利益平衡问题。例如，客家围屋的修缮工程项目，就存在政府、使用人与所有人等方面的协调问题。客家围屋的所有人和使用人关注实用性和经济效益最大化，但这些诉求可能与政府保护为主的方针相矛盾。施工单位比较关注成本收益与时间控制，但可能忽略工程质量。这些不同利益的存在，使日常性的文物保养和维护需要一个多方共商和利益平衡的机制，互有妥协，才能共同把客家围屋保护利用好。

第八条【客家围屋保护研究、宣传】

市、县级人民政府应当加强赣南客家围屋保护的研究、宣传、教育工作，通过开展客家优秀传统文化研究、编印出版物、展览、媒体宣传、民俗活动等形式，弘扬客家优秀传统文化，提高全社会保护赣南客家围屋的意识。

【条文释义】

本条明确了在客家围屋保护中的研究、宣传、教育工作的责任主体和主要目的。在保护利用过程中，应坚持公益属性，发挥文物的公共文化服务和社会教育功能。文物保护（客家围屋保护）是所有有关单位和个人的义务。而研究、宣传、教育，是客家围屋保护工作的重要组成部分。通过加强客家围屋保护的研究、宣传客家围屋保护的意义、主动向社会公众提供包括客家围屋在内的客家文化教育，是提高全民保护意识的重要途径。

一、关于客家围屋保护的研究、宣传、教育工作

2018年中共中央办公厅、国务院办公厅印发的《关于加强文物保护利用改革的若干意见》强调：创新文物价值传播推广体系。

将文物保护利用常识纳入中小学教育体系和干部教育体系，完善中小学生利用博物馆学习长效机制。实施中华文物全媒体传播计划，发挥政府和市场作用，用好传统媒体和新兴媒体，广泛传播文物蕴含的文化精髓和时代价值，更好构筑中国力量、中国精神、中国效率。

（一）研究工作

依托客家围屋这一文物资源讲好中国故事，首先要对客家围屋保护进行研究。对保护工作的研究不仅包括修复工艺上的精进，还应当包含市、县级人民政府及文物主管部门对客家发源、社会组织、生活习俗、文化模式、语言系统以及客家围屋的分布及其自然环境、客家围屋在历史中的地位等重要历史论题进行全面深入的研究。在技艺精进和客家文化的浸润中提高对客家围屋修缮、保护、利用的认知，实现治理能力和治理水平的现代化。最终，不仅应产出专业性强、具有较高学术价值的研究成果，还应考虑将研究成果转化为通俗化读物，用于客家围屋保护利用的宣传与教育工作。

（二）宣传工作

宣传是桥梁，宣传客家围屋保护利用的意义在于实现保护利用客家围屋的意识从政府到个人的跨越。具体来说，通过文物、教育、科技、宣传等部门以及报刊、广播、电视、互联网等媒体的引导，形成全民参与、人人爱护的氛围。宣传工作需牢牢结合坚定文化自信、传承中华文明、实现中华民族伟大复兴中国梦的战略高度，提高公众对客家围屋保护利用重要性的认识，同时注重创新客家围屋价值传播推广体系。例如，通过微信公众平台、小红书、抖音等新兴社交媒体对客家围屋保护进行宣传。

(三) 教育工作

要贯彻落实《关于加强文物保护利用改革的若干意见》，将客家围屋的文物保护利用常识适度纳入中小学教育体系和干部教育体系，完善并利用宣传所形成的长效机制。实施客家围屋的全媒体传播计划，发挥政府和市场作用，用好传统媒体和新兴媒体，广泛传播赣南客家围屋蕴含的文化精髓和时代价值，更好构筑中国力量、中国精神、中国效率。在赣南客家围屋保护教育工作中，主要以学生作为教育对象，将客家文化带入课堂，培养赣州市青少年一代的本土情结，强化他们对客家围屋保护利用的意识。

二、关于研究、宣传、教育工作的公众参与

目前，赣州市的客家围屋保护工作形势较为严峻，多年来的粗放式管理带来的问题集中爆发。客家围屋的保护问题已经严重影响赣州市作为"客家摇篮"的城市文化名片形象，影响人民群众对本市文化的认可度。面对当下客家围屋保护不受重视的突出问题，《条例》的研究、宣传、教育工作中应适度引入公众参与，有助于弘扬客家优秀传统文化，提高全社会保护赣南客家围屋的意识。

国内外经验表明，公众参与一开始往往是被动式的，这就需要政府主导。但是，仅仅依赖市、县级人民政府及文物主管机关，也难以完成研究、宣传、教育工作中的公众参与。因此，在相关部门通过客家优秀传统文化研究、编印出版物、展览、媒体宣传、民俗活动等形式开展宣传的同时，也要鼓励基层群众自治组织和新闻媒体开展客家围屋的宣传教育工作，扩大受众面。就传播媒介和传播平台而言，有报刊、广播、电视、互联网等多种宣传形式。同时，公众通过宣传教育等方式了解情况后，更能理解、配合、协助客家围屋保护工作的施行。

客家围屋保护的研究、宣传、教育，有多种多样的公众参与途径。

（1）在立法过程中建言献策的公众参与。本次立法，建立在大量的群众调研基础上。通过调查走访，市文广新局与市政府法制办、赣州市地方立法研究基地提前介入，远赴龙南、定南、安远等县开展立法调研，广泛吸纳客家围屋所有人、使用人及文物主管部门意见，并听取了客家围屋所在地基层群众自治组织的意见。同时，市政府法制办将《赣南客家围屋保护条例（草案送审稿）》在市政府网站上全文公布，公开征求社会各界意见。

（2）以基层群众自治组织为依托的公众参与。《条例》第六条第二项规定，村（居）民委员会有配合做好赣南客家围屋保护的宣传工作的职责。制定村规民约及后续实施过程，也是对群众进行宣传、教育的过程。

（3）以志愿服务等形式展开的公众参与。《条例》第三十四条规定，鼓励建立赣南客家围屋民间保护组织，吸引社会力量参与赣南客家围屋的修缮、认领、展示利用、看护巡查、文化创意、志愿服务等保护利用工作。通过吸引社会力量参与保护客家围屋，也能够壮大客家围屋保护利用的宣传及教育力量。

第九条【表彰奖励】

市、县级人民政府对在赣南客家围屋保护工作中做出突出贡献的单位和个人，可以按照有关规定给予表彰、奖励。

【条文释义】

本条明确了市、县级人民政府，对在赣南客家围屋保护与利用工作中，具有重大贡献的单位和个人，可以适当地给予表彰或者奖励。

一、关于表彰奖励对于客家围屋保护的意义

《条例》第三条明确规定，赣南客家围屋的保护应当贯彻保护为主、抢救第一、合理利用、加强管理的方针……实现保护、利用与传承相协调。客家围屋的保护现状不容乐观，需要激励行政力量以外的单位和个人参与赣南客家围屋保护。为了保证客家围屋保护工作的贯彻落实，真正实现对客家围屋的保护利用，必须加强对保护工作中的单位和个人的正向激励。通过对作出贡献的单位和个人给予表彰奖励，使全市形成争相保护客家围屋的积极氛围。同时，这也是《国家文物事业发展"十三五"规划》要求的实现由注重抢救性保护向抢救性与预防性保护并重转变的必然举措。表彰奖励制度的意义不仅在于适当地给予精神表彰或者物质奖励，还在于处罚机制外相应建立表彰奖励机制，使得陟罚臧否存在相应的依据、标准。譬如，引导单位和个人为避免客家围屋过度破坏，积极检举、制止违法活动，配合保护行为。对于政府而言，亦有利于保护义务意涵下宏观抽象的奖罚机制的规范化、具体化。

二、关于表彰奖励的主体和对象

本条明确了表彰奖励的主体和对象。

（1）表彰奖励的主体：市、县级人民政府。《条例》第四条规定，市、县级人民政府负责本行政区域内赣南客家围屋的保护工作。因此，统筹本行政区域内赣南客家围屋保护工作的市、县级人民政府也相应地成为表彰奖励的主体。

（2）表彰奖励的对象：对客家围屋的保护工作作出重大贡献的

单位和个人。客家围屋的保护工作中作出重大贡献的单位和个人，既可以是主持或参与本行政区域内客家围屋保护工作的单位和个人，也可以是事实上对客家围屋保护有重大贡献的单位和个人。

三、关于"按照有关规定"的理解

按照《条例》的立法宗旨，本条中的"可以按照有关规定给予表彰、奖励"中的"有关规定"，应当理解为与客家围屋保护相关的上位法规定、《条例》及相关的其他规范性文件的规定两种情况。

其中，对于上位法中明确规定的由国家给予表彰奖励的行为，市、县级人民政府应当给予表彰奖励。

例如，依据上位法《文物保护法》第十二条规定给予精神鼓励或者物质奖励的有如下情形：

（1）认真执行客家围屋保护法律、法规，保护客家围屋成绩显著的；（2）为保护客家围屋与违法犯罪行为作坚决斗争的；（3）将个人所有的具有保护价值的客家围屋捐献给国家或者为客家围屋保护事业作出捐赠的；（4）发现有保护价值的客家围屋及时上报，使客家围屋得到保护的；（5）在客家围屋保护工作中作出重大贡献的；（6）在客家围屋保护科学技术方面有重要发明创造或者其他重要贡献的；（7）在客家围屋面临破坏危险时，抢救客家围屋有功的；（8）长期从事客家围屋保护工作，作出显著成绩的。

而上位法《江西省文物保护条例》第九条规定，县所有单位和个人都有依法保护文物的义务，并有权检举、控告和制止破坏文物的行为。根据上述规定，单位和个人有依法保护客家围屋的义务，但检举、控告和制止破坏并非单位和个人的义务。因此，如果在检举、控告和制止破坏客家围屋的行为方面确有突出贡献，也可以考虑表彰奖励。

  此外，有关规定并不限于法律和法规等上位法概念，也可以是其他规范性文件的规定。无论是依据上位法还是本条例，对于突出贡献的表彰奖励会不可避免地存在难以涵摄的情形。因此，在未来的客家围屋保护工作中，其他规范性文件可以作为适当补充，例如，规定突出贡献的情形包括但不限于抢救客家围屋、实现保护技术重大突破、制止破坏客家围屋等。

第二章　保护名录

【本章为保护名录部分，共六条，分别界定了客家围屋保护名录建立标准，规定了客家围屋保护名录的申报程序，明确了保护名录的批准和调整方式，并对客家围屋的保护范围、建设控制地带的划定及保护标志作出详细规定。本章是对客家围屋保护对象相关法律问题的具体说明。】

第十条【客家围屋的分类保护】

市人民政府应当按照下列标准建立赣南客家围屋保护名录，实施分类保护：

（一）第一类：核定公布为文物保护单位的赣南客家围屋；

（二）第二类：尚未核定公布为文物保护单位，具有突出历史、艺术、科学、文化或者社会价值，且符合以下情形之一的赣南客家围屋：

1. 建筑形制完整，现状保存较好的；

2. 建筑样式、施工工艺或者工程技术具有建筑艺术特色和科学研究价值，建筑格局比较完整，现状保存较好的；

3. 著名人物居住、活动或者重大历史事件发生地的；

4. 位于文物保护单位或者旅游景区周边，格局基本完整，作为与文物保护单位或者旅游景区相关环境要素的，或者成群成

片的;

5. 与非物质文化遗产保护和传承直接相关的。

(三) 第三类:除第一类、第二类外,其他具有较高历史、艺术、科学、文化或者社会价值的赣南客家围屋。

【条文释义】

为了对赣南客家围屋进行科学合理的保护,本条规定市人民政府建立赣南客家围屋保护名录,将符合条件的客家围屋认定为不同类别进行保护和管理。例如,2011 年第三次全国文物普查结果显示,在我国已登记的 766 722 处不可移动文物中,约 4.4 万处曾登记过的不可移动文物消失。消失的文物中大量是没有任何定级或只是被区县登记公布的不可移动文物。《国务院关于进一步加强文物工作的指导意见》在主要目标中要求,尚未核定公布为文物保护单位的不可移动文物保护措施得到落实。国家文物局印发的《关于加强尚未核定公布为文物保护单位的不可移动文物保护工作的通知》也要求完善工作机制,做好非文物保护单位的一般不可移动文物的保护工作。《条例》通过对第二类、第三类客家围屋进行保护名录的定级进而分类保护使得非文物保护单位的客家围屋保护受到重视,有利于切实做好城镇化进程中一般不可移动文物的保护管理工作,有效遏制其快速消失的趋势,使保护工作更为规范、科学。

一、关于客家围屋保护名录的建立

保护名录制度来源于国际社会对物质文化遗产保护的实践。我国在"野生动植物保护""非物质文化遗产保护"等领域也先后建立起了保护名录,保护名录制度有效实现了分类保护、加强管理的作用。保护名录建立的过程,实际上也是对赣南客家围屋的"普查"过程。总体来说，客家围屋保护名录的建立具有以下作用。

（1）评估的作用。保护名录申报与评定的过程实际上是对赣南客家围屋现实存量及其实际价值的总的鉴定评估过程，可以破除以往只保护被核定为文物保护单位的客家围屋这一困境，在评估客家围屋文化价值、科研价值的基础上，进一步分类保护赣南客家围屋。

（2）展示的作用。赣南客家围屋保护利用的一大难题是知名度低、社会关注度低。同时，由于社会变迁等原因，赣南客家围屋所在地往往人口稀少、交通不便，即使被列为不可移动文物，其曝光度与关注度也甚少。建立保护名录制度和保护名录体系，可以展示有关保护成果及有关组织与个人的贡献。[1]

（3）规范的作用。保护名录的申报过程本身就是保护规范化的过程，申报不仅要求提交所申报的赣南客家围屋的历史沿革和历史文化艺术等价值的说明，还要提交其建筑格局和历史风貌的现状，权属状况、构成清单、照片、图纸，而且要求明确保护措施、保护计划并建立相应保护机制。这种制度设计要求文物主管部门对赣南客家围屋有足够的了解，使保护可以更有理有据、有条不紊地进行，从而达到规范性保护的目的。

二、关于对客家围屋进行分类保护

本条规定，市人民政府应将现存的客家围屋分为三个类别进行保护，并以此建立相应的保护名录。《条例》将客家围屋分为三个类别进行保护的主要考虑是：一是基于第一类客家围屋已经事实上

---

[1] 柏贵喜：《"名录"制度与非物质文化遗产保护》，载《贵州民族研究》2007年第4期。

得到了很好的修缮、维护等日常保护。因此，需要对除第一类外的客家围屋展开保护利用。二是基于不同客家围屋的历史文化价值存在差异的现实考量。有的客家围屋工艺精良，有很高的保护利用价值；有的客家围屋因年久失修、技艺粗糙等原因，已经没有实际的保护利用价值，对其与第一类客家围屋进行同等程度的保护，实无必要。三是目前国内外立法现状也都是进行分级保护、分别管理。例如，对平遥古城、杭州历史文化街区、梅州客家围龙屋等，地方性法规也都依据其建筑艺术特色和科学研究价值进行类别区分。基于上述考虑，《条例》形成了文物保护单位的第一类与第二类、第三类围屋相衔接的三级保护体系。明确了层级，紧接着就是要通过规范认定标准甄选出具有典型性、代表性的围屋，并将其纳入保护体系。

依据本条第二项，对纳入第二类保护名录的客家围屋主要有以下要求：（1）建筑形制完整，现状保存较好；（2）建筑样式、施工工艺或者工程技术具有建筑艺术特色和科学研究价值，建筑格局比较完整，现状保存较好；（3）著名人物居住、活动或者重大历史事件发生地；（4）位于文物保护单位或者旅游景区周边，格局基本完整，作为与文物保护单位或者旅游景区相关环境要素，或者成群成片；（5）与非物质文化遗产保护和传承直接相关。相比第三类客家围屋，第二类客家围屋是在具有较高历史、艺术、科学、文化或者社会价值的基础上，要求兼具建筑形制完整、建筑样式具有特色、人文历史意义较大、作为文物保护单位或旅游景区环境要素、与非遗保护和传承相关等其他特性。在进行客家围屋保护时，基于合理利用、加强管理的方针，对于建筑形制保存较差、建筑艺术特点一般等保护价值较低的客家围屋，一般列为第三类客家围屋进行保护。

第十一条【保护名录申报】

已公布为文物保护单位的赣南客家围屋直接纳入第一类赣南客家围屋保护名录，无须申报。

申报第二类、第三类赣南客家围屋保护名录的，由所在地县级人民政府提出申请，经市人民政府文物主管部门组织赣南客家围屋保护专家委员会提出评估意见后，报市人民政府批准。赣南客家围屋保护名录批准后，市人民政府应当自批准之日起二十日内向社会公布。

县级人民政府申报第二类、第三类赣南客家围屋保护名录前，应当组织县级人民政府文物主管部门和专家进行论证，并征求乡（镇）人民政府、街道办事处、村（居）民委员会以及赣南客家围屋所有人、使用人的意见。

赣南客家围屋评估指标体系，由市人民政府文物主管部门制定。

【条文释义】

本条从各类客家围屋申报保护名录的程序、申报前论证及征求意见、评估指标体系制定三个方面分别作出了规定。

一、关于各类客家围屋申报保护名录的程序

明确各类客家围屋申报保护名录的程序，是实施客家围屋保护名录制度的基础。市人民政府将现存的客家围屋分为三个类别进行保护，建立相应的保护名录，三类客家围屋申报程序因为类别的不同也有所区别。在《条例》第十条明确的客家围屋保护名录三种类

别的基础上，本条不同类别的赣南客家围屋保护名录的申报进行了程序分流。第一，属于核定公布为文物保护单位的赣南客家围屋无须申报，直接纳入第一类保护名录。第二，第二类、第三类客家围屋的申报程序为：由所在地县级人民政府提出申请，经市文物主管部门组织赣南客家围屋保护专家委员会提出评估意见后，报市人民政府批准，并由市人民政府自批准之日起二十日内向社会公布。

二、关于申报前论证及征求意见

（一）应当组织县级人民政府文物主管部门和专家进行论证

（1）由县级文物主管部门对客家围屋的价值及其等级进行初步筛选。县级文物主管部门应当充分掌握相关客家围屋的基本信息后，组织当地专家根据《条例》第十条所列分类标准，进行价值分析，确定该客家围屋是否具有纳入第二类、第三类保护名录的价值；

（2）县级人民政府文物主管部门将本区域内现存客家围屋逐一初步分类，经由专家论证和价值分析后，集中向当地人民政府提出申报建议；

（3）县级人民政府收到文物主管部门申报建议后，应当予以认真审核，并征求乡（镇）人民政府、街道办事处、村（居）民委员会以及赣南客家围屋所有人、使用人的意见，然后向市人民政府申报。

市人民政府收到县级人民政府客家围屋保护名录申报后的具体程序分为三步。

（1）市文广新局将县级人民政府建议申报的客家围屋，提请专家委员会予以评估，确定其历史、艺术、科学、文化和社会价值，并由专家委员会发表评估意见；

（2）市文广新局根据专家委员会的评估意见，在县级人民政府申报名录的基础上，凝练、总结出本市拟申报客家围屋保护名录；

（3）由市人民政府正式批准客家围屋保护名录，并向社会公布。

由于客家围屋涉及不特定多数人的利益，影响重大、深远，将其列入保护名录需要听取相关群体的意见。对有关异议，应当作进一步考虑及综合评估。

（二）申报前要充分尊重乡（镇）人民政府、街道办事处、村（居）民委员会以及赣南客家围屋所有人、使用人意见

《文物保护法》第六条规定："属于集体所有和私人所有的纪念建筑物、古建筑和祖传文物以及依法取得的其他文物，其所有权受法律保护。文物的所有者必须遵守国家有关文物保护的法律、法规的规定。"客家围屋作为不可移动文物，其所有人和使用人的权利必然因文物保护受到一定程度的限制。客家围屋是古代客家民居的主要建筑形式，规模有大有小，风格各异，保存程度也各不相同，是所有人或使用人的合法财产。

在保护文物的同时要兼顾客家围屋所有人和使用人的利益，这也是《条例》第三条中"实现保护、利用与传承相协调"的具体要求。在过去的客家围屋保护中，过于强调个人对社会、个人利益对集体利益单向的奉献和服从，未来在进行保护名录申报时，应当充分尊重乡（镇）人民政府、街道办事处、村（居）民委员会以及赣南客家围屋所有人、使用人意愿，听取其意见，这也是本条所包含的内容。

需要注意的是，征求意见并不是征求同意。因历史原因，赣南客家围屋的所有人和使用人较多，若要征得全部所有人和使用人同

意,操作难度较大,可行性较低,并不利于赣南客家围屋的保护。因此,《条例》中的措辞是征求意见而非征求同意。充分尊重各方意见,才能提高客家围屋保护工作的效率和支持度。

三、关于围屋评估指标体系的制定

《条例》第十条对客家围屋的评估标准已经进行了初步的规定。第二类客家围屋保护名录的标准是具有突出历史、艺术、科学、文化或者社会价值,且符合以下情形之一的赣南客家围屋:(1)建筑形制完整,现状保存较好的;(2)建筑样式、施工工艺或者工程技术具有建筑艺术特色和科学研究价值,建筑格局比较完整,现状保存较好的;(3)著名人物居住、活动或者重大历史事件发生地的;(4)位于文物保护单位或者旅游景区周边,格局基本完整,作为与文物保护单位或者旅游景区相关环境要素的,或者成群成片的;(5)与非物质文化遗产保护和传承直接相关的。

要增强这一标准的可实施性与可操作性,需要由市文物主管部门对相关标准进一步细化,尤其是对第三类客家围屋规定的其他具有较高历史、艺术、科学、文化或者社会价值的赣南客家围屋,应在后续制定相关的其他规范性文件,以便于保护名录申报工作的实施。

第十二条【申报材料的提交】

申报第二类、第三类赣南客家围屋保护名录,应当提交下列材料:

(一)赣南客家围屋的历史沿革和历史文化艺术等价值的说明;

(二)赣南客家围屋建筑格局和历史风貌的现状;

(三)赣南客家围屋的权属状况;

（四）赣南客家围屋的构成清单、照片、图纸；
（五）县级人民政府文物主管部门的意见。

【条文释义】

本条对客家围屋保护名录的申报材料内容作出了相对明确的规定，这一规定有助于客家围屋保护名录申报内容的规范化管理。

一方面，要求县级人民政府提交资料尽可能翔实，是为了使县级文物主管部门更为详尽地实地调查客家围屋，把控申报质量与申报内容的真实性、可靠性；另一方面，由于第二类、第三类客家围屋非文物保护单位，是一般的不可移动文物，其价值认可度并不高或相关资料尚不完全，若县级人民政府提交的客家围屋保护名录申报材料相对齐全，也有助于后续市文广新局组织专家评估的顺利展开。

第十三条【告知申报】

市人民政府文物主管部门发现有保护价值的赣南客家围屋未申报的，应当告知县级人民政府进行申报。县级人民政府应当根据市级人民政府文物主管部门的意见及时组织申报。

任何单位或者个人认为赣南客家围屋有保护价值应当纳入保护名录，可以向当地文物主管部门提出保护意见，并提供相关依据。

【条文释义】

本条规定了两种申报情形，分别是市人民政府文物主管部门发现有保护价值未申报的应当告知县级人民政府申报，以及单位或个人认为应纳入保护名录的，可以向当地文物主管部门提交意见和依据。

本条第一款规定了市人民政府文物主管机关的主动义务，说明市人民政府文物主管机关不只是被动式的，还有主动义务。除《条例》第十一条第二款规定的组织赣南客家围屋保护专家委员会对申报第二类、第三类赣南客家围屋保护名录的提出评估意见的义务，市文广新局还负有告知申报的义务。本条第一款实际上是《条例》第十一条第二款的补充条款，属于保护名录申报的第二个途径。根据这一条款，未被县级人民政府纳入申报范围的客家围屋，在被市人民政府文物主管部门发现有保护价值后，应当告知当地人民政府组织开展申报工作。

本条第二款同样是补充性的条款，是赣南客家围屋保护名录申报事实上的第三种途径。这一途径的设立是为充分尊重社会意见。对于县级、市级人民政府文物主管部门未能发现或价值认识不充分的客家围屋，任何单位和个人认为有必要纳入保护名录的，可以提出保护意见并附相关依据。这一条款的设立，是为了防止市、县级文物主管部门在保护名录申报工作中有遗漏。同时，既激发单位和个人在客家围屋保护中的积极性，也是单位和个人保护文物义务的活用，更是《条例》保护为主基本原则的体现。

第十四条【保护类别的调整】

纳入保护名录的赣南客家围屋，需要调整保护类别的，应当按照程序进行申请、评估、批准、公布。

【条文释义】

本条的内容是对已经纳入保护名录中的赣南客家围屋进行保护

第二章　保护名录

类别调整的程序规定。

客家围屋保护名录制度，是文物主管机关对不同客家围屋进行分类管理的有效手段。全面客观地进行类别分级，可以使不同价值的客家围屋均得到相应的保护、利用与管理。为了提高保护名录的质量，针对未来有可能发生的文物保护单位变化与新发现，应维持客家围屋保护名录的相对开放性与包容性。保护名录中的各个类别是可以变化的，可以根据保护过程中发现的文物艺术文化价值进行保护类别的调整，调整又需要按照申报、评估、批准和公布的程序进行，相当于对客家围屋的价值再度进行资料收集与专家评估，这也保证了调整过程的科学性与合理性。

由于保护名录的保护类别主要由客家围屋是否属于文物保护单位这一要素决定。被核定公布为文物保护单位的赣南客家围屋直接列为第一类。第二类与第三类的区别主要在于，第二类客家围屋具有突出历史、艺术、科学、文化或者社会价值，且符合《条例》第十条第二项列举的5种情形之一。

已纳入保护名录的赣南客家围屋，需要调整保护类别的，应按如下程序进行。

（1）申报保护名录时尚未核定公布为文物保护单位，后来成为文物保护单位的客家围屋，即直接由第二类、第三类升格为第一类，无须申报；

（2）其他需要调整保护类别的，应根据《条例》第十一条、第十二条等相关规定，进行申报、评估、批准和公布。例如，可能被取消文物保护单位的第一类客家围屋，根据《条例》相关规定，可以被评估为第二类、第三类客家围屋的，按流程重新申报并评估。

第十五条【划定保护范围、建设控制地带、设立保护标志、建立记录档案】

第一类赣南客家围屋应当依照法律、法规的规定划定保护范围、建设控制地带。

县级人民政府应当划定第二类赣南客家围屋的保护范围和建设控制地带,划定第三类赣南客家围屋的保护范围,报市人民政府批准和公布。

市人民政府对纳入保护名录的赣南客家围屋,应当设立统一的保护标志。

县级人民政府对纳入保护名录的赣南客家围屋应当建立记录档案,并报市人民政府文物主管部门备案。

【条文释义】

一、关于按保护类别划定保护范围、建设控制地带

《条例》第十条已经明确了客家围屋的分类保护及分类标准,而本条将有关保护范围和建筑控制地带,根据客家围屋类别进行区分,与《条例》分类保护的方针保持一致。

现行的土地制度对客家围屋保护影响较大,客家围屋所处地段可能因为城乡建设或土地规划而进行用途变更,而第二类、第三类客家围屋因为不属于文物保护单位,并不属于《文物保护法》的保护范围,使得这一部分客家围屋成为城乡建设中的"鱼肉"。比如,《条例》出台前,对于处于"黄金地段"的客家围屋,财政部门希望它的土地价值变现,建设规划部门希望它能高效利用,而文物主管部门希望保护好客家围屋的愿望往往难以得到实现。

客家围屋保护是一项综合性的工作，涉及建设、文化、文物、环境等各个方面，现行的文物保护管理是由文物管理部门作为主管部门，但是不少相关部门都对客家围屋中的土地利用、风景名胜区等作出过相关规定。在具体保护实施过程中，多个部门之间的协调、衔接不畅，相当制约工作的推进。如果不对第二类、第三类客家围屋划定保护范围与建筑控制地带，可能导致文物主管部门开展保护工作时无法律依据。

　　此外，在实际的操作中，由于客家围屋保护的权责不清晰，容易出现矛盾冲突和推诿扯皮的现象，不利于客家围屋的保护与开发，更会影响城市整体的发展。

　　本条按保护类别划定保护范围、建设控制地带的规定，有助于解决上述问题。

　　依照本条规定，第一类客家围屋直接依据法律、法规规定划定保护范围、建设控制地带，而第二类、第三类客家围屋的保护范围和建筑控制地带，由所在地县级人民政府划定，报市人民政府批准。县级人民政府在划定保护范围和建筑控制地带时，也应当依据法律及法规规定划定。对于第三类客家围屋，由于其既不属于文物保护单位，也不存在第二类客家围屋符合的各类情形，对其并不划定建筑控制地带。毕竟，第三类客家围屋的价值并不如第一类、第二类围屋，不能以过高标准强加于它。

　　区别保护也是基于现实的考量。其一，由于第二类客家围屋与第三类客家围屋相比具有特殊情形，对二者的保护应当有所差异。其二，第三类客家围屋由于历史原因周边大多房屋成群不具有大规模开发建设的可能，且并不适用建筑控制范围的规定。

二、关于保护范围与建筑控制地带

本条对保护范围及建筑控制地带的规定，在《条例》第十七条得到进一步细化。赣南客家围屋具有一定的历史价值，同时因为历史悠久遭到一定的损坏，亟须保护。对客家围屋的保护不仅是对客家围屋本身的保护。根据《文物保护法实施条例》第九条的规定，保护范围是指对文物保护单位本体及周围一定范围实施重点保护的区域。保护范围较之建筑控制地带更为广泛，依据《江西省文物保护条例》第十七条的规定，在保护范围内除了不得从事建筑控制地带内禁止从事的活动，还禁止从事下列活动：（1）刻划、涂污、损坏文物；（2）刻划、涂污、损毁或者擅自移动文物保护单位标志；（3）损坏文物保护设施；（4）毁林开荒、开挖沟渠、采石、取土；（5）法律、法规禁止的其他活动。依据《江西省文物保护条例》第十五条规定，在文物保护单位的建设控制地带内进行建设工程，不得破坏文物保护单位的历史风貌，其形式、高度、体量、色调应当与文物保护单位相协调；工程设计方案应当根据文物保护单位的级别，经相应的文物行政部门同意后，报城乡建设规划部门批准。保护范围及建筑控制地带的意义在于，不仅保护客家围屋本身，也要保护客家围屋的整体性。在不可移动文物的保护过程中，存在两方面内容应受保护：一个是文物本体，另一个是文物环境。文物环境是文物本体周边一定范围内与之有内在关联的，能够说明文物的历史状况、社会存在、景观面貌的空间。对于客家围屋来说，不仅是客家围屋本体需要受到保护，客家围屋四周一定范围内的区域也应该受到保护，以免客家围屋的本体被周边环境影响而遭致破坏。因此，对于作为不可移动文物的客家围屋，应当将与之相关联、有依存关系的周边环境及建筑物一并保护。

建设控制地带是指在文物保护单位的保护范围外，为保护文物保护单位的安全、环境、历史风貌而对建设项目加以限制的区域。《文物保护法》第十八条规定，根据保护文物的实际需要，经省、自治区、直辖市人民政府批准，可以在文物保护单位的周围划出一定的建设控制地带，并予以公布。在文物保护单位的建设控制地带内进行建设工程，不得破坏文物保护单位的历史风貌；工程设计方案应当根据文物保护单位的级别，经相应的文物主管部门同意后，报城乡建设规划部门批准。因此，在赣南客家围屋的保护范围内，除了必要的基础设施和公共服务设施不得进行新建、扩建活动；在其建设控制地带内，新建、改建、扩建建筑物或构筑物应当符合客家围屋的风貌保护与视觉景观要求，各种建筑物或构筑物应当与围屋的历史风貌及文化特征相协调。

结合《文物保护法》《江西省文物保护条例》及本条例相关规定，应对客家围屋的建设控制地带作如下把握。

（1）划定原则。列入保护名录的客家围屋，应当根据《条例》第十五条规定，对第一类、第二类客家围屋根据其类别、规模、内容以及周围环境的历史和现实情况合理划定其建设控制地带，对于第三类客家围屋，不划定建设控制地带。

（2）划定权限。全国重点文物保护单位和省级文物保护单位的建设控制地带，经省人民政府批准，由省级文物行政部门会同城乡规划行政主管部门划定并公布。市级、县级文物保护单位的建设控制地带，经省人民政府批准，由市级、县级文物行政部门会同城乡规划行政主管部门划定并公布。

（3）相关设施与活动。在文物保护单位的保护范围和建设控制地带内，不得建设污染文物保护单位及其环境的设施，不得进行可能影响文物保护单位安全及其环境的活动。对已有的污染文物保护单位及其环境的设施，应当限期治理。

　　本条第三款是关于设立保护标志的相关规定。根据该款规定，市人民政府批准公布保护范围和建设控制地带后，由市级人民政府设立统一的保护标志，防止各个县级人民政府设立保护标志出现不统一，混乱局面。第四款是关于建立记录档案的规定，即由县级人民政府建立"四有"档案，相关工作应当报市人民政府文物主管部门备案。

第三章 保护利用

【本章为保护利用部分,共二十条,规定了对列入保护名录的客家围屋的保护利用原则与审批程序,所有人的权利与义务。本章体现保护优先、利用在后、保护与利用兼顾的理念,明确了迁移拆除、工程建设审批、维修补助、消防安防、非遗保护、监督检查等规定和利用原则。】

第十六条【赣南客家围屋保护发展规划编制】

赣南客家围屋保护名录自公布之日起一年内,所在地县级人民政府应当组织文物、自然资源等有关部门编制赣南客家围屋保护发展规划,报市人民政府批准并向社会公布。

【条文释义】

一、关于客家围屋保护发展规划编制

保护规划,是从现实状况出发,利用保护的客观规律,通过保护、利用、传承相协调等主观努力,所达到的根据客观实际所规划的理想目标。造成客家围屋保护不力的一个重要原因,就是客家围屋保护未能纳入经济社会发展规划,从而影响了客家围屋保护、利用、传承的协调发展。关于客家围屋的保护发展规划编制,《历史文化名城名镇名村保护条例》第十三条规定,历史文化名城批准公布后，历史文化名城人民政府应当组织编制历史文化名城保护规划。历史文化名镇、名村批准公布后，所在地县级人民政府应当组织编制历史文化名镇、名村保护规划。保护规划应当自历史文化名城、名镇、名村批准公布之日起一年内编制完成。《全国重点文物保护单位保护规划编制审批办法》第六条也有相似规定，全国重点文物保护单位保护规划应当在省级文物行政部门指导下，由所在地的县级以上人民政府组织编制。跨省、自治区、直辖市的全国重点文物保护规划，由国家文物局指定或协调有关省、自治区、直辖市组织编制；跨地、市、县的全国重点文物保护单位保护规划，由省级文物行政部门指定或协调有关政府机构组织编制。因此，对于客家围屋的保护发展规划，所在地县级人民政府的客家围屋保护规划应当包括下列内容：（1）客家围屋的保护原则、保护内容和保护范围；（2）客家围屋的保护措施、开发强度和建设控制要求；（3）客家围屋的传统格局和历史风貌保护要求；（4）不同类别客家围屋保护范围和建设控制地带的划定；（5）保护规划分期实施方案。

在保护发展规划应遵循的方针方面，应当遵循《条例》第三条规定的"保护为主、抢救第一、合理利用、加强管理"的方针。并且，保护发展规划还要实现保护、利用与传承相协调的目标，即正确处理客家围屋保护与经济建设、合理利用的关系，促进赣南客家围屋保护事业的可持续发展。

二、关于赣南客家围屋保护发展规划编制

（一）客家围屋保护发展规划与其他规划的关系

客家围屋保护发展规划应纳入所在地的经济社会发展规划、城乡建设发展规划，为了实现客家围屋的经济效益和整体性保护，客家围屋的保护规划应与相关生态保护、环境整治、土地利用等专门

规划相衔接。因此，本条规定了所在地县级人民政府应当组织文物、自然资源等有关部门编制客家围屋的保护发展规划。客家围屋保护规划要综合考虑文物保护、土地用途、自然资源等因素，分析经济社会条件，明确规划编制依据、基本原则和目标，调研收集土地利用、经济社会发展状况等相关资料，分析保护现状，确定保护重点与主要任务，用以指导客家围屋保护利用工作。这是客家围屋保护规划与其他规划相衔接的体现，同时也是基于客家围屋保护中的保护范围和建筑控制地带等要求。

（二）关于客家围屋保护规划的基本原则和要求

（1）尽可能减少对客家围屋本体的干预，注重客家围屋整体环境的保护和改善，在修缮、维护过程中维持客家围屋的真实性，保护其周边环境的完整性及其可持续性；

（2）做好前期调研和评估工作，充分考虑客家围屋的历史文化要素，将其文化价值、教育价值纳入保护发展规划编制中，立足于实现保护、利用与传承相协调；

（3）统筹协调文物保护、环境保护、乡村振兴及地方经济发展的关系。在规划编制中坚持《条例》第四条的规定，建立赣南客家围屋保护工作责任制和联动机制，统筹做好城乡建设发展中的赣南客家围屋保护工作

具体而言，在编制客家围屋保护利用总体规划时，可以参照《全国重点文物保护单位保护规划编制审批办法》的规定。

第十七条【客家围屋实施原址保护】

赣南客家围屋实施原址保护，任何单位和个人不得损坏或者擅自迁移、拆除。

在纳入保护名录的赣南客家围屋的保护范围内,不得进行其他建设工程或者爆破、钻探、挖掘等作业。但是,因特殊情况需要在保护范围内进行其他建设工程或者爆破、钻探、挖掘等作业的,必须保证赣南客家围屋的安全,在第一类赣南客家围屋的保护范围内,应当依照文物保护有关法律、法规的规定报批;在第二类、第三类赣南客家围屋的保护范围内,应当报所在地县级人民政府批准,批准前应当征得市人民政府文物主管部门同意。

在纳入保护名录的赣南客家围屋的建设控制地带内进行工程建设,不得破坏赣南客家围屋的历史风貌。在第一类赣南客家围屋建设控制地带内的工程设计方案,应当依照文物保护有关法律、法规的规定报批;在第二类赣南客家围屋建设控制地带内的工程设计方案,应当经县级人民政府文物主管部门同意后,报县级人民政府自然资源主管部门批准,并由县级人民政府文物主管部门报市人民政府文物主管部门备案。

编制城乡规划和实施土地征收、房屋拆迁涉及赣南客家围屋的,应当征求县级人民政府文物主管部门的意见。

【条文释义】

一、关于赣南客家围屋的原址保护

原址保护与迁址保护都是文物保护中的具体措施。原址保护是指不对文物保护单位进行迁移或者拆除,而是直接在原地采取保护措施。为了防止客家围屋本体受到损毁,造成客家围屋的文物价值与文化保护价值流失,对列入保护名录的客家围屋应当实施原址保护,对此,《文物保护法》第二十条、第二十一条、第二十六条都有相关规定。其中,《文物保护法》第二十条第一款规定,"建设工程选址，应当尽可能避开不可移动文物；因特殊情况不能避开的，对文物保护单位应当尽可能实施原址保护。"《江西省文物保护条例》第十八条第一款规定，不可移动文物实行原址保护原则。在2017年发布的《关于加强尚未核定公布为文物保护单位的不可移动文物保护工作的通知》要求，建设工程选址应坚持尽可能避开不可移动文物，尽可能实施原址保护的原则。对于客家围屋实施原址保护，是为了保存其价值，防止进一步损坏其原有的历史价值。赣南客家围屋的原址保护，不仅是法律规范中上位法的要求，在实践中也有其正当性与合理性。

第一，在过去的城乡建设中，往往未能实施原址保护，而是采取擅自迁移或拆除的方式，造成了不可逆的破坏。因自然灾害、城乡建设等原因造成的一般不可移动文物本体不存或损毁殆尽无法修复。依据《条例》第三条保护原则的规定，对客家围屋的保护应维护其真实性、完整性和可持续性。如果不采取原址保护，将无益于客家围屋的真实性、完整性和可持续性保护。

第二，原址保护是为了满足保护真实性、完整性和可持续性的要求。客家围屋不是割裂的个体，其与其周边环境是一个整体。整体性是《条例》关于客家围屋保护的一大原则。过去的一大问题是，只注重客家围屋本体的保护与利用，不太注重历史环境与要素、非物质文化遗产的保护与利用。采用原址保护而非迁址保护有利于上述问题的解决。

第三，原址保护更符合实际情况。区别于雅典卫城等易受损的不可移动文物，客家围屋往往不易受到环境、气候等因素的影响。并且，客家围屋往往规模宏大，其文物价值在于建筑结构等不易搬迁的要素，不宜进行迁址保护。再者，迁址保护的实际成本将远远高于原址保护。

二、关于保护范围内的作业禁止与建设控制地带内的工程建设要求

依据《条例》第十五条规定，对第一类、第二类客家围屋划定保护范围、建设控制地带，对第三类客家围屋划定建筑控制地带，本条是对第十五条的细化。

依据本条第二款规定，原则上不允许在纳入保护名录的赣南客家围屋保护范围内进行其他建设工程或者爆破、钻探、挖掘等作业，有特殊情况需要的也应当保证赣南客家围屋的安全。依据其规定，因第一类赣南客家围屋同时属于文物保护单位，可以依据《文物保护法》第十七条及《文物保护法实施条例》第九条规定，保护客家围屋的完整性和真实性。第二款中关于第二类、第三类客家围屋保护范围的划定，是对上位法《文物保护法》第十七条的化用。

而本条第三款关于建设控制地带的规定与保护范围的规定相似。在纳入保护名录的第一类客家围屋的建设控制地带内的工程设计方案，应当依照文物保护有关法律、法规的规定报批，对第二类客家围屋的建设控制地带内的工程设计方案，应当经县级人民政府文物主管部门同意后，报县级人民政府自然资源主管部门批准，并由县级人民政府文物主管部门报市人民政府文物主管部门备案。对于保护范围内的作业禁止与建设控制地带内的工程建设要求如此设定，主要原因在于《文物保护法》只规定了文物保护单位需要保护范围，对于具有一定价值但不是文物保护单位的不可移动文物，没有明确规定。这意味着文物保护单位外的一般不可移动文物游离于保护范围之外。《条例》对客家围屋设定保护范围及建筑控制地带，

是为了满足实践中文物保护的要求，因此，保护范围与建筑控制地带的规定，不应仅局限于作为文物保护单位的第一类赣南客家围屋。

三、关于编制城乡规划和实施土地征收、房屋拆迁征求意见

编制城乡规划和实施土地征收、房屋拆迁都可能涉及客家围屋原址保护。依据《条例》第三条保护原则，对客家围屋的保护应当维护其真实性、完整性和可持续性。依据这一要求，赣南客家围屋的周边环境应当与其相匹配、相适应，周边的城乡规划与土地征收、房屋拆迁工作也应与客家围屋保持相对一致，使客家围屋的保护范围和建筑控制地带与周边环境共同构成的文化内涵相一致。因此，在编制城乡规划和实施土地征收、房屋拆迁等各项工作中，应该征求文物主管部门意见，确保客家围屋保护利用在这些工作中被重视。

第十八条【第一类客家围屋的管理】

第一类赣南客家围屋的保护范围和建设控制地带依照文物保护有关法律、法规的规定进行管理。

【条文释义】

《条例》对不同保护类型的客家围屋采取不同级别的保护措施进行保护。《条例》第十条规定，市人民政府应当按照下列标准建立赣南客家围屋保护名录，实施分类保护：核定公布为文物保护单位的赣南客家围屋为第一类客家围屋。第一类客家围屋属于文物保护单位，因此关于它的保护范围和建筑控制地带应该按照《文物保护法》《文物保护法实施条例》等法律或法规的规定进行管理，《条例》中不再重复规定。

第十九条【第二类、第三类客家围屋保护范围内的禁止性行为】

在第二类、第三类赣南客家围屋的保护范围内，不得从事下列活动：

（一）刻划、涂污、损坏赣南客家围屋；

（二）刻划、涂污、损毁或者擅自移动赣南客家围屋保护标志；

（三）损坏赣南客家围屋保护设施；

（四）毁林开荒、采石、取土；

（五）建设污染赣南客家围屋及其环境的设施；

（六）存放易燃、易爆、易腐蚀等危及赣南客家围屋安全的物品；

（七）法律、法规禁止的其他活动。

【条文释义】

本条中第一项及第二项规定的，主要是对赣南客家围屋本体的危害。"刻划"有两种意思，一种是用文字等描摹表现，如对人物的特征进行刻划；另一种意思同"刻画"，指雕刻等。《条例》中的"刻划"偏向于后者，是指违反国家文物保护规定使用器具在客家围屋上面进行刻字、留名等。涂污是指违反国家文物保护规定使用油漆、涂料等物品污损、破坏赣南客家围屋原有风貌和历史样貌的行为。损坏是指用其他方式故意损坏客家围屋，包括砸毁、拆除、挖掘等行为方式。

《文物保护法》第十五条第一款规定："各级文物保护单位，分别由省、自治区、直辖市人民政府和市、县级人民政府划定必要的保护范围，作出标志说明……"《文物保护法实施条例》第十条规定："文物保护单位的标志说明，应当包括文物保护单位的级别、名称、公布机关、公布日期、立标机关、立标日期等内容……"由此可见，赣南客家围屋的保护标志也应受到法律保护。保护标志不仅能满足参观者了解赣南客家围屋的需求，同时也具有宣传、教育和保护的功能。具体而言，保护标志具有以下作用：保护标志代表着赣南客家围屋的保护名录登记，以及相关联的客家围屋被列入保护名录的权威性、不可侵犯性，标志牌一定程度上起到警示、预警的作用。此外，保护标志还具有教育引导作用，可以向参观者传递该赣南客家围屋的相关信息，帮助参观者更好地了解其文化内涵和价值，使文物保护单位的管理和保护工作更好地得到保障和实施。对于损毁保护标志的行为，可以依据《文物保护法实施条例》第五十七条规定，由公安机关或者文物所在单位给予警告，可以并处二百元以下罚款。

　　本条的其他禁止性行为，也意在保护赣南客家围屋的真实性及整体性。在第二类、第三类客家围屋的保护范围内，除了禁止刻划、涂污、损坏客家围屋建筑本体，还禁止刻划、涂污、损毁或者擅自移动客家围屋保护标志，禁止损坏客家围屋保护设施。禁止毁林开荒、采石、取土以及建设污染赣南客家围屋及其环境的设施，是为了防止其破坏客家围屋的传统格局和历史风貌。禁止存放易燃、易爆、易腐蚀等危及赣南客家围屋安全的物品，是为了落实第二类、第三类客家围屋的保护范围的规定，也是为了围屋本体及周边人员的生命财产安全。法律、法规禁止的其他活动也不得从事，这些禁止性规定都是对客家围屋的本体保护和整体性保护的落实。

第二十条【第二类客家围屋控制地带内的禁止性行为】

在第二类赣南客家围屋的建设控制地带内，不得从事第十九条第五项、第六项以及其他可能影响赣南客家围屋安全及其环境的活动。

【条文释义】

为防止客家围屋被损毁，造成珍贵的文物资源流失，《条例》根据客家围屋的类别，采取不同级别的保护措施进行保护。依据本条规定，在第二类赣南客家围屋的建筑控制地带内不得建设污染赣南客家围屋及其环境的设施；不得存放易燃、易爆、易腐蚀等危及赣南客家围屋安全的物品。本条与《江西省文物保护条例》第十六条及第十七条规定相比，在部分规定上作出了取舍。比如，在建筑控制地带内不得从事的活动中，删除了不得从事殡葬活动的规定；在保护范围内不得从事的活动中，删除了《江西省文物保护条例》第十七条第四项不得开挖沟渠的规定。主要的考虑是，现存的赣南客家围屋大多包含家族宗祠，其主要用途就是进行家族祭祀、婚嫁、殡葬等活动，删除不得从事殡葬活动的规定具有现实基础与文化考量。此外，删除不得开挖沟渠的规定，是考虑到赣南客家围屋的居住条件改善，此规定有利于所有人和使用人对客家围屋的利用，而客家围屋必须加以利用才能实现保护利用的可持续性。

其他可能影响赣南客家围屋安全及其环境的活动，是指可能破坏赣南客家围屋的传统格局和历史风貌的活动。设置这条禁止性规定不仅是保护客家围屋本身，也是对生活在客家围屋及其附近的人们的保护，是落实中共中央办公厅、国务院办公厅《关于加强文物保护利用改革的若干意见》中建立健全不可移动文物保护机制的具体表现。

第二十一条【客家围屋的日常管理】

赣南客家围屋所有权受法律保护。赣南客家围屋所有人可以与其他社会资本共同参与赣南客家围屋的保护利用，并依法享有收益权。

鼓励赣南客家围屋所有人依法成立保护组织，或者委托有条件的村（居）民委员会，代表所有人进行日常管理。

【条文释义】

一、关于所有人与社会资本共同参与保护利用

依据本条规定，赣南客家围屋的收益权由所有人享有，所有人可以在客家围屋的保护利用中引入社会资本。《关于加强尚未核定公布为文物保护单位的不可移动文物保护工作的通知》要求，加强指导，积极鼓励社会力量参与一般不可移动文物保护利用工作。2018年，中共中央办公厅、国务院办公厅印发《关于加强文物保护利用改革的若干意见》，要求在文物保护中健全社会参与机制。在客家围屋保护利用的过程中，坚持政府主导、多元投入，调动社会力量参与赣南客家围屋保护利用的积极性。在坚持非国有不可移动文物所有权不变、坚守文物保护底线的前提下，探索社会力量参与非国有不可移动文物使用和运营管理。依据上述文件精神，本条规定，赣南客家围屋所有人可以与其他社会资本共同参与赣南客家围屋的保护利用，并依法享有收益权。

这一规定除确认客家围屋所有权受法律保护外，还肯定了客家围屋所有人及共同参与保护利用的社会资本的合法收益权。明确所有人的权利，有助于增强所有人对赣南客家围屋的保护意识，引导其更好地保护赣南客家围屋。

赣南客家围屋的保护现状是资金保障不足，且所有人的所有权受到一定限制，本条基于现实情况与利益考虑，肯定了所有人的收益权，将鼓励客家围屋的所有人积极与社会资本展开合作，实现上对客家围屋更好的保护利用。同时，引入社会资本的参与，也可以适当弥补客家围屋保护资金不足的问题。

二、关于依法成立保护组织或委托日常管理

客家围屋是历史性的防御性建筑，其构造设计并不便于居住。现今，客家围屋的所有人或居住意愿不强烈，或外出工作，所有人并非常住客家围屋，不便于客家围屋的管理与保护。并且，由于客家围屋的所有权权属复杂，一栋客家围屋往往有多个所有人。若不成立相应的组织，难以进行客家围屋的日常管理。考虑到基层群众自治组织与客家围屋在地域上接近，且负有《条例》规定的相关职责。因此，本条将成立保护组织与委托村（居）民委员会作为进行客家围屋日常管理的路径，存在现实基础，具有可实施性与可操作性。

第二十二条【签订保护责任书】

县级人民政府文物主管部门应当与赣南客家围屋所有人、使用人或者管理人签订保护责任书，依法明确所有人、使用人或者管理人对赣南客家围屋保护的权利义务。

赣南客家围屋的所有人、使用人或者管理人发生变更的，应当重新签订保护责任书。

【条文释义】

由于客家围屋是文物保护涉及的公共利益和私人利益的共同载体，所有人和使用人所享有的权益需要受到一定程度的限制。这种限制称为行政役权，是指为了公物利益或者公共利益之需，通过立法或者行政权力对不动产所有权进行一定限制，为所有人设立一定的积极或消极负担，此负担不以所有人同意为条件。这种行政役权在许多国家广泛存在，通常是在文化遗产保护及文物保护领域，表现为通过文物立法为不动产所有权之行使设置一定的限制，或要求所有人、使用人履行一定的义务。保护责任书制度被广泛应用于环境保护、资源利用、文物保护等领域，是一项相对成熟的制度。

对于此种制度安排的理解，应注意如下几方面内容。

第一，个体对客家围屋的所有权并非绝对不受限制，结合客家围屋保护利用的现实状况，对非国有不可移动文物所有人在房屋上的物权利益进行限制有充分的正当性。从历史文化价值等方面来看，客家围屋不仅仅是所有人的客家围屋，其所蕴含的精神财富和文化底蕴是整个赣州市乃至于社会所共有的财富。这种精神财富和文化底蕴的传承与弘扬，又对文化认同、民族认同有深刻的影响。《条例》对客家围屋的保护及利用，不仅是为了保护作为不可移动文物的客家围屋，还在于保护其内生的历史文化，保证其能够为子孙后代所用、所铭记。对客家围屋的保护和利用不仅是政府及相关部门的职责，也是个人和全社会的职责。为了客家围屋保护利用的公共利益，防止所有人对客家围屋的任意损毁或不作为，预防所有人权利的自由行使造成客家围屋的损毁及客家文化的灭失，有必要从文物保护的方面对物权行使作出一定限制。

第二，从客家围屋保护的现实状况来看，这种限制不仅是必要的，而且必须是规范化的。随着城市化与农村空心化的发展进程，客家围屋所在地经历了大量的城乡建设及各类拆迁活动，遭到了弃置、损毁、拆除。同时，因为物质生活水平的提高，人们大量搬迁出客家围屋另外建造新房，这些建筑也存在因过度接近而破坏客家围屋的历史风貌和传统格局的问题。总而言之，客家围屋面临的最为现实的问题是围屋大量损毁，而原因主要在于所有人怠于履行保护义务，因此，有必要对客家围屋的所有人设置一定义务，防止其可能的不作为，避免造成客家围屋损毁、灭失的严重后果。

第三，在对客家围屋所有人进行限制时，还应当注意确定所有人在客家围屋利用保护中所享有的权利，所有人对其所受限制应当得到一定的补偿。例如，在征收、征用等活动中，因为当事人所有物的使用权或所有权受限，法律明文规定了需要对其进行经济上的合理补偿。毕竟，对客家围屋所有人的这种限制在一定程度上也是一种"征用"。目前的法律调整，选择私益服从公益的价值立场，忽视了对二者的协调和对受限私益的补偿。从客家围屋保护现状和执法力量来看，促进所有人自觉自愿维护文物更为重要，但法律在对所有人的鼓励上有所缺失。本条规定，保护责任书应当同时规定所有人的权利和义务。这些权利在《条例》中也有所体现。例如，《条例》第三十条规定，赣南客家围屋的保护性利用应当与其历史、艺术、科学、文化和社会价值，以及内部结构相适应，可以依法开设博物馆、陈列馆、纪念馆、非物质文化遗产传习展示场所、研习基地和传统作坊、传统商铺、民宿等，但是不得擅自改变赣南客家围屋主体结构和外观，不得危害赣南客家围屋及其附属设施的安全。第三十一条第二款规定，赣南客家围屋所在地集体经济组织可以利用赣南客家围屋、自然资源发展文化旅游、乡村旅游，鼓励当地村（居）民从事旅游经营等相关活动，明确当地村（居）民合法权益的保障措施。这两条分别规定了签订保护责任书的客家围屋所有人或使用人对客家围屋的利用方式，以及获取合法收益受到保护的权益确认。

《条例》明确了县级人民政府可以根据实际情况与客家围屋所有人、使用人、管理人签订保护责任书，并确定各方在客家围屋保护中的权利与义务，实现对客家围屋的全方位保护。客家围屋所有人、使用人、管理人，既享有对客家围屋相关的收益权、物权等权利，又需要履行相关的文物保护义务。客家围屋所有人、使用人、管理人不得以放任和抵制的形式拒绝履行围屋的日常维护义务。

第二十三条【客家围屋的维护和修缮】

纳入保护名录的国有赣南客家围屋由使用人负责维护和修缮；非国有赣南客家围屋由所有人负责维护和修缮，所有人、使用人、管理人另有约定的，从其约定；所有权不明的，由县级人民政府负责。

纳入保护名录的赣南客家围屋有损毁危险，所有人不具备修缮能力的，县级人民政府应当给予帮助。所有人具备修缮能力而拒不依法履行修缮义务的，市、县级人民政府可以给予抢救修缮，所需费用由所有人负担。

【条文释义】

一、关于客家围屋维护修缮责任划分方面的规定

（一）不同类型客家围屋的维修责任

本条第一款规定："纳入保护名录的国有赣南客家围屋由使用

人负责维护和修缮；非国有赣南客家围屋由所有人负责维护和修缮，所有人、使用人、管理人另有约定的，从其约定；所有权不明的，由县级人民政府负责。"该规定明确了客家围屋维修责任人，避免因责任不清而影响客家围屋的维护和修缮。

《文物保护法》第二十一条第一款规定，"国有不可移动文物由使用人负责修缮、保养；非国有不可移动文物由所有人负责修缮、保养。非国有不可移动文物有损毁危险，所有人不具备修缮能力的，当地人民政府应当给予帮助；所有人具备修缮能力而拒不依法履行修缮义务的，县级以上人民政府可以给予抢救修缮，所需费用由所有人负担"。国有客家围屋由使用人负责维护和修缮，这一规定要求由使用人负责维护和修缮，主要是因为国有资产存在所有人虚置的问题。作为国有资产的国有客家围屋，依据《物权法》（已失效）规定，这类客家围屋属于国有不动产，任何单位和个人不享有所有权，不存在实体的所有人。这种虚置影响赣南客家围屋的及时维护和修缮，也难以对客家围屋的维护和修缮上不作为或失职行为展开责任追究。由使用人负责，则能确保及时维护和修缮，并能在未尽责任时及时追究使用人责任。另外，国有客家围屋的使用人通过使用获得利益，应当承担维护和修缮责任，具有法律上权利义务的合理性与正当性。如果使用人为非营利组织，则由使用人先行维护和修缮，再向政府申请资金。

《文物保护法》第二十一条规定，作为非国有非文物的客家围屋，原则上由所有人负责维护和修缮。一般而言，房屋所有人负责房屋的维护和修缮，租户只是交纳租金。客家围屋的权属属于所有人，所有人对其所有物承担维护、修缮责任，因此原则上也由所有人负责维护和修缮，并承担因此产生的费用。对于一般的所有物，所有人有权任意使用或处分，但基于围屋的特殊性及价值性，所有人不得任意处分之，因此《条例》特别规定，通过限制和克减所有人的处分权，实现围屋保护的周延性。

（二）非国有客家围屋的所有人、使用人、管理人就维护和修缮另有约定的，从其约定

因历史原因，有些赣南客家围屋所有人比较多，围屋往往并不是单独的所有人或使用人，其所有权权属较为复杂。许多客家围屋的所有人为宗族共同共有或按份共有，维护和修缮围屋需要集体决策，其决策有时并不及时，从而无法确保及时维护与修缮。如果所有人将维护和修缮委托给使用人、管理人，则能够确保围屋及时维护和修缮。依据《物权法》（已失效）第九十六条规定："共有人按照约定管理共有的不动产或者动产；没有约定或者约定不明确的，各共有人都有管理的权利和义务。"因此，如果所有人、使用人、管理人之间有约定的，应尊重共有人之间的意思自治，并从其约定。这一规定更多是由现实情况决定，也符合非国有客家围屋由所有人自决的前述规定。但是，在约定不明的情况下，将使被纳入保护名录的客家围屋存在损毁风险或价值贬损危险。此时，为了贯彻保护为主、抢救优先的保护方针，应当适时由县级人民政府负责维护、修缮。

二、关于市、县级人民政府的修缮帮助

根据本条第二款的规定，对于客家围屋的维护和修缮，当地政府应当给予帮助的情况有两种：一种是纳入保护名录的客家围屋有损毁危险，所有人不具备修缮能力；另一种是纳入保护名录的客家围屋存在损毁危险时，所有人具备修缮能力而拒不依法履行修缮义务。两种情形中修缮费用的承担并不相同，若所有人不具备修缮的

能力（一般指无力承担维护修缮所需费用），应由所在地县级人民政府承担费用；若所有人拒不履行修缮义务，则修缮维护的费用依然由所有人承担。

第二十四条【客家围屋维护修缮的原则】

对纳入保护名录的赣南客家围屋进行维护修缮，应当遵循不改变原状的原则，保持原有传统格局和历史风貌，不得改变主体结构，并符合下列要求：

（一）属于第一类赣南客家围屋的，应当由依法取得相应文物保护工程资质证书的单位进行设计、修缮；

（二）属于第二类赣南客家围屋的，可以对建筑内部进行适当的、可逆的改造；

（三）属于第三类赣南客家围屋的，可以进行适当的基础设施改造，添加必要的生活设备和设施。

【条文释义】

客家围屋要想长远地存在，不仅需要对现状进行保护，还应当兼顾客家围屋的改造需求。改造需求是两方面的，一方面是客家围屋年久失修，可能损毁灭失；另一方面是部分客家围屋依然有居民居住，改造是为满足对居民现实居住的需要。现实生活中，客家围屋因为维护修缮缺失或不当，而数量逐年递减。这是因为先前对客家围屋的保护工作重视不足，其主要原因在于忽视了生活在围屋中"人"的需求。为了在保持原有传统格局和历史风貌的同时，依法保障村（居）民居住需求和安全，本条在不改变原状和适度改造等方面作了明确的规定。

本条规定，对纳入保护名录的赣南客家围屋进行维护修缮，应当遵循不改变原状的原则。保存胜于维修，维修胜于修复，修复胜于重建。《文物保护法》第二十一条第四款规定，对不可移动文物进行修缮、保养、迁移，必须遵守不改变文物原状的原则。2000年《中国文物古迹保护准则》规定，修复应保护现存实物原状和历史信息，应当以现存的、有价值的实物为主要依据；独特的传统工艺技术必须保留，所有的新材料、新工艺必须经过前期试验和研究；正确把握审美标准，不允许为了追求完整、华丽而改变文物原状。不改变文物原状的原则包括保存现状和恢复原状两方面内容。

国际公约《威尼斯宪章》对文物保护同时规定了保存现状原则与最小干预原则。考虑到我国文物保护法律、法规多采用保存现状原则，而保存现状原则与最小干预原则意思接近，故《条例》采用了"不改变原状"的表述。赣南客家围屋的不改变原状要求，就是对客家围屋的修缮工作应以日常维护为主，只对出现险情或存在建筑隐患的建筑局部使用防护加固和原状整修手段。不改变原状是出于保障文物建筑整体或残存局部的安全考虑，也是为了保持客家围屋的完整性、真实性与可持续性。而使用重点修复手段恢复原状，则要有依据并经严格论证方可实施。

在对客家围屋的维护修缮中还应当注意以下几个方面。

（1）文物保护资质。对赣南客家围屋的保护、修缮工作，并非任何个人与单位都可以进行。其中，第一类客家围屋的保护修缮工作，应当依据《文物保护法》对文物保护单位的修缮规定进行，《文物保护法》第二十一条第三款规定，文物保护单位的修缮、迁移、重建，由取得文物保护工程资质证书的单位承担。第二类、第三类客家围屋不属于文物保护单位，因此对第二类、第三类客家围屋进行修缮的个人和单位不受此限。

（2）安全前提。客家围屋普遍拥有悠久的历史，包括石砌和木质建筑在内，老化程度各异，实际保护和修缮时要严守安全性准则，避免威胁现场工作人员的人身安全及客家围屋主体结构的完整性。根源就在于，部分客家围屋的整体没有坍塌，但建筑结构可能已经无法承受一定程度的修缮与外力影响，一旦修缮或受到外力可能会迅速倒塌。在对赣南客家围屋修缮过程中，若发现任何主体结构类问题，应尽快权衡利弊，做好必要的预防再进行修缮。

（3）修缮中沿用原有材料。客家围屋的历史意义和历史风貌主要通过其结构、材料彰显，其结构和材料的形式、高度、体量、色调应当与客家围屋整体相协调，因此，修缮中应确保沿用原有材料，竭力还原围屋建筑原有的形态和承载的历史文化价值。

（4）结合实际进行适度、可逆的改造。恢复原状是指尽可能往原貌修复，而非恣意决定修复样貌。对于不能恢复原状的，或者原状不适于实际使用于后续可持续性保护的，应当结合实际适度改造。在对赣南客家围屋进行保护和修缮时，不仅要遵循《条例》规定，同时要结合实际进行灵活变通。对于第二类或第三类客家围屋，考虑可能还有相当部分所有人或使用人居住，可以进行适当的基础设施改造，添加必要的生活设备和设施。既要优化客家围屋的居住功能，又要维护其原有的历史文化价值。

基于法律、法规规定，结合赣州市不同类别赣南客家围屋的生活居住需要、文化传承需要、文物保护价值等要求进行适度调整。在客家围屋的保护修缮过程中，也应注意适度的、可逆的改造并不是没有边界，而是要保持原有传统格局和历史风貌，不得改变主体结构。在中共中央、国务院印发的《国家新型城镇化规划（2014—

2020年）》指导思想中提出，文化传承，彰显特色。根据不同地区的自然历史文化禀赋，体现区域差异性，提倡形态多样性，防止千城一面，发展有历史记忆、文化脉络、地域风貌、民族特点的美丽城镇，形成符合实际、各具特色的城镇化发展模式。对第二类、第三类客家围屋实施可逆的、适当的改造，同样也是防止围屋同质化的方法。

综上，恢复原状是指尽可能往原貌修复，保持原有传统格局和历史风貌，不得改变主体结构，而非恣意决定修复样貌。对于客家围屋这类建筑文物来讲，修缮活动带有一定的干预性特征，一旦这部分干预活动幅度过大，便会使古建筑保存价值大打折扣。客家围屋的艺术价值颇高，属于历代客家先辈们智慧的结晶，所以说，对它们予以保护和修缮时，要注意还原当中的文物价值和历史价值。要让其"老当益壮"而不是"返老还童"。那种把客家围屋修得"焕然一新"的做法必然导致客家围屋古意尽失，破坏其真实性、完整性，乃至于使客家围屋失去其应有风貌，变得难以维持可持续性发展。归根结底，就是要在保护、修缮活动中秉承真实性、完整性的保护方针，竭力还原客家围屋原有的面貌。

第二十五条【客家围屋修缮的批准】

对第一类赣南客家围屋进行修缮，应当根据文物保护单位的级别报相应的文物主管部门批准；对第二类、第三类赣南客家围屋进行修缮，应当报所在地的县级人民政府文物主管部门批准，批准前应当征求赣南客家围屋所有人、使用人、管理人的意见。

【条文释义】

一、关于修缮的批准程序

本条款规定：对第一类赣南客家围屋进行修缮，应当根据文物保护单位的级别报相应的文物主管部门批准。由于第一类客家围屋属于文物保护单位，应当报相应的文物主管部门批准，由依法取得相应文物保护工程资质证书的单位进行设计、修缮。

而第二类和第三类客家围屋属于《文物保护法》第二十一条第二款规定的未核定为文物保护单位的不可移动文物，依该款规定本应由县级人民政府文物主管部门批准负责修缮、保养和安全管理。但为了避免第二类、第三类赣南客家围屋的所有人、使用人和管理人擅自维护修缮、对修缮把关不严，应当报所在地的县级人民政府文物主管部门批准。

二、关于批准前应当征求赣南客家围屋所有人、使用人、管理人的意见

本条款规定：批准前应当征求赣南客家围屋所有人、使用人、管理人的意见。需要注意的是，批准前征求意见，应是适当地、按比例地将赣南客家围屋所有人、使用人、管理人的意见纳入批准的考量中。征求意见的内容可以是关于维护修缮的具体事宜。例如，对第二类、第三类客家围屋维护修缮过程中，依据本条例第二十四条规定的适当的基础设施改造，添加必要的生活设备。对于具体的改造及添加的建议，应当征求相对应的所有人、使用人及管理人的意见。并且，要注意征求意见与征求同意之间的区别，在批准前征求赣南客家围屋所有人、使用人、管理人的意见，并不等于征得他们的同意。这是因为，客家围屋的权属结构复杂，所有人人数众多,加之外出务工及搬迁离开等因素。征求所有人的同意不具备现实基础和实践操作可能。因此,对第二类、第三类赣南客家围屋进行修缮,应当报所在地的县级人民政府文物主管部门批准,批准前征求赣南客家围屋所有人、使用人、管理人的意见即可。

第二十六条【文物主管部门的修缮协助义务】

赣南客家围屋所有人、使用人或者管理人对赣南客家围屋进行维护修缮时,县级人民政府文物主管部门应当提供信息和技术指导。

【条文释义】

本条款对文物主管部门修缮协助义务的适用范围、适用内容两个方面作出了规定。

一、关于县级人民政府文物主管部门修缮协助义务的适用范围

本条首先明确了有关文物主管部门的修缮协助义务适用于赣南客家围屋所有人、使用人或者管理人对赣南客家围屋进行维护修缮时。《条例》将赣南客家围屋保护、修缮义务依据所有权类型分为三类:国有、非国有与所有权不明的赣南客家围屋。依据《条例》第二十三条规定,修缮协助义务仅限于国有赣南客家围屋和非国有赣南客家围屋的修缮过程;所有权不明因为修缮义务不在于所有人、使用人或者管理人,并不需要信息和技术指导。因此,存在以下几种情形:

(1)国有客家围屋的维护修缮过程中,依据《文物保护法》及本条例关于维护修缮责任的规定,由使用人对客家围屋进行维护修缮。对于使用人在维护修缮过程中的信息和技术需要,由所在地县级人民政府文物主管部门进行信息和技术指导。

(2)非国有客家围屋的维护修缮过程中,依据《文物保护法》及本条例关于维护修缮责任的规定,由所有人对客家围屋进行维护修缮,所有人、使用人、管理人另有约定的,从其约定;所有权不明的,由县级人民政府负责。对于所有人在维护修缮过程中的信息和技术需要,由所在地县级人民政府文物主管部门进行信息和技术指导。但当所有权不明时,因为由县级人民政府全权负责维护修缮工作,县级人民政府的文物主管部门不再需要对客家围屋的维护修缮进行信息和技术指导。

二、关于县级人民政府文物主管部门提供修缮协助义务的内容

本条款明确规定,县级人民政府的修缮协助义务仅限于信息和技术指导。根据《条例》第二十二条、第二十三条规定,赣南客家围屋所有人、使用人或者管理人签订保护责任书,依法明确所有人、使用人或者管理人对赣南客家围屋保护的权利义务;并且由所有人、使用人、管理人自行承担修缮保护的义务及费用。综上,县级文物主管部门的修缮协助义务并不包括经费上的直接支持。但是,除第一类客家围屋外,由于第二类客家围屋和第三类客家围屋均不属于文物保护单位,不存在相对完善的法律规定,对修缮的实体要求和程序要求尚不完善。例如,施工单位的文物保护工程资质证书及建设行政主管部门发的相应等级的资质证书,第二类、第三类客家围屋均不作要求。加之《条例》规定对第二类、第三类围屋可以适当进行可逆改造,这可能引发不当的改造,威胁客家围屋建筑结构与历史风貌。县级人民政府的文物主管部门的信息和技术指导,即对所有人在改造过程中如何不危及围屋的主体结构及历史风貌进行指导。信息指导,是指文物主管部门对围屋相关的保护信息、围屋修缮过程所需要的工程资质证书及资质等级进行指导。因此，《条例》规定的修缮协助义务的内容是县级人民政府文物主管部门应当提供信息和技术指导，是基于保留历史风貌与围屋安全的考量。

第二十七条【安全、消防措施的落实】

县级和乡（镇）人民政府、街道办事处应当加强赣南客家围屋的安全防范、公共消防设施建设，建立赣南客家围屋业余巡查保护队伍，赣南客家围屋所有人、使用人、管理人应当落实安全、消防措施。

对距离消防救援队较远，且被列为全国重点文物保护单位的赣南客家围屋群，其管理单位应当依法建立专职消防救援队。

鼓励村（居）民委员会成员参与赣南客家围屋的业余巡查工作。

【条文释义】

本条款意在规范对赣南客家围屋的安全及消防措施的落实，从基层政府组织、所有人使用人管理人、重点文物保护单位的管理机关三个方面提出了安全、消防措施的落实。

一、关于赣南客家围屋目前的消防、安全措施

客家围屋的消防安全管理工作，普遍存在火灾风险较高、消防安全管理水平偏低、消防基础设施薄弱等问题。

（一）火灾等灾害风险高

（1）防火间距不足。因为历史原因，大部分客家围屋在总平面布局上成组、成群、对称布置形成格局相连相通，没有留出防火隔离带或缺少有效的防火间距，存在火灾隐患。

（2）用火多管理困难。客家围屋因部分居住需要，大量使用明火。并且，由于难以常态化管理，对火源管理及采取有效防火措施

未能实现专人看管，也难以管理看管。在客家围屋的保护范围内甚至生产、使用、储存或经营易燃易爆危险品，燃放烟花爆竹。用于生产生活的民居类客家围屋使用燃气、堆放柴草等可燃物，未能采取切实有效的安全防护措施。有的客家围屋用火频繁，且乱堆、乱放易燃、可燃物品。尤其是部分客家围屋未严格落实明火要求，各类消防安全防护措施不到位，隐患突出。

（3）电气线路敷设不规范。在客家围屋内配电设备、电气线路、电器选型、安装等不符合消防规范和防火要求，私拉、乱接电气线路。有的客家围屋未采取穿管保护措施，线路敷设杂乱无序、有的甚至直接将线路或电器敷设在可燃物上、未全部使用冷光源。

（4）单位消防安全制度不健全、日常管理检查维护不到位。对客家围屋的消防设施设备检测评估，更换提升老旧、破损设施设备，确保使用效能等检查维护机制不完善。并且，部分客家围屋存在消防设施设备不完善、安全管理松懈等突出隐患和问题。对于发现问题后，客家围屋的所有人或使用人拒不整改或整改不力的，既没有约谈警示，也没有严肃追责。

（二）建筑耐火、抗灾等级低

客家围屋多为砖木或纯木结构等三级、四级耐火等级建筑，大多数木质建筑材料没有经过阻燃处理。不仅如此，客家围屋中的可燃物多，加上长时间的风干与氧化，使之变为易燃物，极易导致燃烧。

（三）无消防设施及救灾机制

受历史条件制约，客家围屋普遍缺少火灾自动报警、灭火等消防系统，配备的消防设施和水源较少且救灾能力弱。在突发险情时，基本不具备自防自救能力，一旦发生险情无法做到对火灾的早期报警和及时处置。

并且,客家围屋由于受到日常管理和建筑布局的影响,同时因耐火等级低、水源缺乏的因素。特别是那些地势复杂,位置偏僻、道路狭窄交通不畅的建筑,消防车无法第一时间到达通行,加上一些单位自防自救能力弱、安全意识较为淡薄,如果初期火灾扑救不及时将会迅速蔓延,严重影响火灾的扑救。

(四)消防安全日常管理方面薄弱

在客家围屋的保护范围内举办大型活动,既没有相应的预案机制,也不存在事先进行防火检查,对必要的消防设施设备和灭火器材缺乏管理。多数客家围屋单位未按照消防安全"4个能力"建设要求规范日常防火检查、巡查台账记录未建立。存在消防安全管理制度不健全,消防责任人不明确,防火巡查等制度难以有效落实等现象。

(五)消防设施维护不到位

一些客家围屋单位的日常消防设施维护流于形式,存在灭火器过期或压力不足、消防水带破损或胶垫丢失、室内消火栓被遮挡等问题,无法确保正常使用。

二、关于基层人民政府、所有人使用人管理人、重点文物保护单位的管理机关三个方面对安全、消防措施的落实

这些举措是健全文物长效机制的要求。政府机关及围屋保护的责任人,为了围屋的安全维护,应当提高安全防护设施建设和管理维护水平。

(一)夯实保护责任、实施属地保护与权属保护并行

依据《条例》第四条的规定:"市、县级人民政府负责本行政

区域内赣南客家围屋的保护工作……"《条例》第五条规定:"乡(镇)人民政府、街道办事处负责本行政区域内赣南客家围屋的保护工作,履行以下职责:……协助落实赣南客家围屋灾害、白蚁防治责任和措施……"

本条第二款规定:"对距离消防救援队较远,且被列为全国重点文物保护单位的客家围屋群,其管理单位应当依法建立专职消防救援队。"该条是对距离公安消防队较远的国有客家围屋的安防与消防规定。这些围屋距离公安消防队较远,出现警情与火情时公安与消防人员难以及时到达现场。而被列为全国重点文物保护单位的客家围屋价值重大,一旦出现警情与火情则可能带来不可估量的损失。因此,被列为全国重点文物保护单位的客家围屋群的管理单位应当依法建立专职消防队、志愿消防队及小型消防站。

本条第三款规定:"鼓励村(居)民委员会成员参与赣南客家围屋业余巡查工作。"该条鼓励村(居)民委员会干部担任客家围屋业余巡查保护人员。村(居)民委员会干部离本村委会或本居委会客家围屋最近,最了解本村委会或本居委会客家围屋情况,在巡查完其他客家围屋时还能进行本村(居)民委员会客家围屋的常态巡查。因此,应当鼓励村(居)民委员会干部担任客家围屋业余巡查保护人员。

夯实客家围屋所在地人民政府的保护责任,是不断提升客家围屋的消防安全管理的要求,以规范形式推动属地政府履行消防安全职责。定期开展消防安全检查、巡查等制度,要组织相关职能部门协调解决客家围屋消防安全难点问题。按照"谁主管、谁负责"的属地管理原则明确消防安全责任人和消防安全管理人。安全、消防措施落实的具体方面:

（1）基层人民政府和重点文物保护单位的管理机关做好科学整体规划。依据《全国重点文物保护单位保护规划编制要求》和《条例》所规定的"保护为主、抢救第一、合理利用、加强管理"的客家围屋保护利用工作方针，在不破坏保护范围及客家围屋的历史风貌的前提下制定客家围屋保护的科学整体规划。

（2）赣南客家围屋所有人、使用人、管理人在落实安全、消防措施时，应当按照客家围屋等级进行区分。对于文物保护单位的第一类客家围屋，所有人、使用人及管理人在落实安全及消防措施时，还应当符合《文物保护法》规定，并且维护过程中应当注意其历史风貌和原状保护。对于第二类、第三类客家围屋，可以依据居住需要、防灾要求等实际情况采用不易燃材料等进行维护、修缮，增强客家围屋的灾害抵御与火灾防控功能。

（3）具体的安全、消防措施落实工作上。各级人民政府应当坚持部门工作协作机制、采取联合行动或联席会议等的形式论证并设计具体方案。开展围屋的火灾隐患排查整治行动和地震、地质灾害、洪涝等方面的自然灾害综合风险排查，实施抗震加固、地质灾害防控等工程，建立健全围屋的灾害综合风险监测和评估制度，明确文物消防、防洪安全责任，加强消防设施、消防水源、消防车通道、防洪除涝设施和应急处置力量建设，强化火灾、洪涝风险辨识与管控，推广科学适用的技防物防措施，提升应急管理水平，增强防控能力。例如，在维护修缮赣南客家围屋的过程中，适当改造客家围屋的部分结构与材料，用阻燃性能和耐火极限较好的建筑材料来替代可燃或易燃物。

（4）对照《客家围屋消防安全管理十项规定》《文物单位消防安全检查规程》《客家围屋防火设计导则（试行）》《客家围屋电

气防火导则（试行）》《古城镇和村寨火灾防控技术指导意见》《客家围屋单位消防安全"4个能力"建设指南（试行）》等文件要求，针对客家围屋单位存在的隐患问题列出整改措施和责任清单，照单整改；对不能立即整改到位的，要制定整改方案，限期整改。

（5）通过提示火灾风险隐患，普及消防安全知识，加大对客家围屋单位消防安全责任人、管理人的培训约谈力度，使其知责、明责、尽责，培训一批消防安全"明白人"。利用微信、微博、互联网等媒体广泛开展安全消防宣传教育，制作张贴宣传海报、印发宣传图册，制定醒目的防火宣传、安全警示、友情提醒等标志，提升消防安全意识和自防自救能力。

（二）关于客家围屋消防安防的技术保障与人员保障

本条第一款规定："县级和乡（镇）人民政府应当加强赣南客家围屋的安全防范、公共消防设施建设，建立赣南客家围屋业余巡查保护队伍，赣南客家围屋所有人、使用人、管理人应当落实安全、消防措施。"本条第一款与第二款实际上明确客家围屋消防安防包括设施保障与人员保障两个方面。

（1）设施保障方面。县级、乡（镇）人民政府应当加强客家围屋的安全防范、公共消防设施建设。例如，通过智能联网技术，建设火灾自动报警系统、室内消火栓、室外消火栓等固定设施，配备灭火器等移动消防器材。由所在地人民政府实施属地管理原则，从而对安全、消防方面的所需设施、设备具体落实。

（2）人员保障方面。人员保障方面包括建立客家围屋业余巡查保护队伍，并由客家围屋所有人、使用人配合落实安全、消防措施。人员保障是对设施保障的补充，可以及时排查实时险情，对可能的险情或违法犯罪行为进行制止、防护。本条第二款规定，对国家重点文物保护单位的客家围屋群专门设立消防队与消防站。本条第三款鼓励群众自发性组织业余巡查保护队伍，也是对国家机关日常管理不足的补充方式。两种人员保障方式相结合，更好地完成赣南客家围屋的安防与消防保障。

第二十八条【加强配套设施建设】

各级人民政府应当加强赣南客家围屋所在地的基础设施建设，完善道路、供水、排水、排污、电力、通信、垃圾收集等生活服务设施，优化生态环境。

【条文释义】

一、关于加强配套设施建设的政府职责

本条款是对各级人民政府职责的要求。本条款规定：各级人民政府应当加强赣南客家围屋所在地的基础设施建设，完善道路、供水、排水、排污、电力、通信、垃圾收集等生活服务设施，优化生态环境。在职责方面，根据《条例》第四条及第五条规定，市、县及乡（镇）各级人民政府主要负责本行政区域内赣南客家围屋的保护工作，将赣南客家围屋保护纳入国民经济和社会发展规划，建立赣南客家围屋保护工作责任制和联动机制，统筹做好城乡建设发展中赣南客家围屋保护工作，并对本行政区域内的赣南客家围屋保护实施监督管理。根据条文释义，各级人民政府具有加强赣南客家围屋所在地的基础设施建设、完善生活服务设施、优化生态环境三个方面的职责。

(一) 关于加强基础设施建设

无论是围屋的保护工作、国民经济和社会发展规划以及监督管理，都对围屋及其周边的基础设施建设提出一定要求，这是基于文物保护和旅游开发两个方面的需要。一方面，保护为主、抢救第一、加强管理的保护方针要求保护要及时，安全、消防设施的普及与建设都需要基础设施，尤其是对道路交通、水电设施等方面的要求。另一方面，围屋的利用也离不开基础设施建设。根据国际惯例与国内经验，文物的保护与文旅价值是一脉相承的。为了实现围屋的保护、利用与传承是相协调的基本原则，加强围屋周边的基础设施建设将使得围屋的旅游价值与文化传承价值更具有易得性。这也是本条例的规范要求，在本条例第二十四条第三项规定："属于第三类赣南客家围屋的，可以进行适当的基础设施改造，添加必要的生活设备和设施。"为了更好地进行对相关客家围屋的维护修缮工作，对其周边环境进行适当的基础设施改造也有其必要性。

(二) 关于完善生活服务设施

2018年中共中央办公厅、国务院办公厅印发的《关于加强文物保护利用改革的若干意见》中提出："大力推进文物合理利用。充分认识利用文物资源对提高国民素质和社会文明程度、推动经济社会发展的重要作用。"文物保护经验已经表明，长久地合理使用与利用，比空置保护更为有效。完善生活服务设施，是基于客家围屋的现实情况考虑。现有客家围屋中，虽然大部分居民已经搬出，但围屋仍要满足部分居民的生活居住需要，完善生活设施正是为了满足这部分硬性需要。

(三) 关于优化生态环境

优化生态环境是基于法律规范要求（包括本《条例》）与围

屋保护方针的整体性要求。一方面,《条例》第三条规定,客家围屋保护的基本方针要求真实性、整体性与可持续性。《条例》第十七条、第十九条、第二十条,对客家围屋的建筑控制地带与保护范围内的禁止性行为作出规定,要求不得实施可能影响赣南客家围屋安全及其环境的活动。另一方面,保护范围与建筑控制地带的意义在于,使得围屋周边一定范围内的环境与周边建筑与围屋的历史风貌相吻合,不破坏其整体性样貌。为了维系围屋的古色古香与田园风光,理应对围屋周边的生态环境进行优化,使得围屋与其周边环境一体化,达到展示客家文化的效果。通过对周边环境的污染防治、植被绿化等手段,以优化生态环境的方式塑造围屋环境,探索围屋文旅方面的利用价值。

第二十九条【非遗保护】

各级人民政府应当传承、弘扬与赣南客家围屋相依存的民俗风情、民间艺术等非物质文化遗产;培训赣南客家围屋建筑工匠,培育和引进赣南客家围屋建筑保护专业人才。

【条文释义】

非物质文化遗产是我国优秀传统文化的表现方式及保护对象。党的十八大以来,我国越发重视人民群众的精神文化需要发展不平衡、不充分的问题,越发重视对优秀传统文化的传承与弘扬。但是以非物质文化遗产为代表的优秀传统文化大有危困之虞,这不仅是因为非物质文化遗产存在传承人少、技艺复杂、传承成本高等问题,还在于以非物质文化遗产为代表的优秀传统文化与现代化的生活方式并不是息息相关的,而是格格不入的。因此,人民群众鲜有精力关注非物质文化遗产的传承与弘扬。要实现对客家围屋相关的非物质文化遗产保护，只有将非物质文化遗产全方位融入国民生活的各个领域、各个环节，与人民生产生活深度融合，才能有长久生命力，真正实现活起来、传下去。为此，本条款强调把优秀传统文化贯穿赣南客家围屋保护的全过程，并提出了一系列相关重点任务和措施。本条款规定：各级人民政府应当传承、弘扬与赣南客家围屋相依存的民俗风情、民间艺术等非物质文化遗产。通过活态利用，实施中华节庆礼仪服装服饰计划，大力发展文化旅游、传统体育，培育符合现代人需求的传统休闲文化，支持中华医药、中华烹饪、中华武术、中华典籍、中国文物、中国园林、中国节日等代表性项目"走出去"，积极宣传推介戏曲、民乐、书法、国画等。通过这些有力措施，让中华优秀传统文化内涵更好、更多地融入生产生活各方面，转化为不可或缺的日常组成部分，形成人人传承、发展中华优秀传统文化的生动局面，在全社会形成参与、守护、传播和弘扬优秀传统文化的良好环境。[1]

一、关于传承与弘扬与围屋相依存的非物质文化遗产

中共中央、国务院印发的《国家新型城镇化规划（2014—2020年）》指导思想中提出，"文化传承，彰显特色。根据不同地区的自然历史文化禀赋，体现区域差异性，提倡形态多样性，防止千城一面，发展有历史记忆、文化脉络、地域风貌、民族特点的美丽城镇，形成符合实际、各具特色的城镇化发展模式"。

第一，围屋所承载的非物质文化遗产与围屋都是客家文化的载

---

[1]《〈关于实施中华优秀传统文化传承发展工程的意见〉答记者问》，载 http://www.ncha.gov.cn/art/2017/2/8/art_ 1967_ 137110.html，最后访问时间：2021年10月3日。

体,应当同等地被保护。客家围屋是客家文化的物质载体,非物质文化遗产是客家文化的技艺载体与精神载体,对围屋的保护还关系着客家文化的传承与保护。如果仅仅只保护客家围屋,而不重视对其承载的民俗风情、民间艺术等非物质文化遗产的保护,就无法最大化围屋保护的效益,无法实现对客家文化的保护周延。围屋里如果没有民俗,没有文化,那就是一堆冷冰冰的石头和砖块。而且,与围屋相依存的民俗风情、民间艺术等非物质文化遗产,还是围屋文旅资源的重要组成部分。

第二,传承并弘扬非物质文化遗产,是保护与利用相协调的表现。《条例》第三条规定的保护方针中的保护与利用相协调,是指保护为主,但在保护中不能轻视利用的重要性。客家围屋所相关的非物质文化遗产,正是围屋值得利用的文化资源。对这些非物质文化遗产的传承与弘扬,不仅是对客家文化的保护,也有益于赣南人民文化熏陶与文化自豪的培养。客家围屋要有生机和活力,需活态保护。这意味着不仅要保护客家围屋的物质遗产,而且要保护与围屋有关的非物质文化遗产;不仅要保护有形的传统建筑,而且要保护无形的民风民俗。而且,非物质文化遗产的保护,可以使赣南客家围屋脱离"同质化"困境,打造不同的错位发展模式。

为此,本条款规定:本市各级人民政府应当采取措施,传承、保护和弘扬与客家围屋相依存的民俗风情、民间艺术等非物质文化遗产。

二、关于培育引进建筑保护专业人才

客家围屋的建筑艺术本身就是一种非物质文化遗产,需要保护与传承。与围屋一样,其建造技艺和建筑保护技艺也面临消亡的窘境。作为客家人杰出的一项建筑艺术,如今掌握围屋建造技艺的人已寥寥无几。另外，为了客家围屋的维护和修缮，客家围屋的建筑艺术也必须进行挖掘和传承，才能确保客家围屋的维护和修缮遵循"不改变原状"原则，避免不当的维护和修缮造成对客家围屋的破坏。此外，依据《条例》第二十六条的规定，文物主管部门应当对所有人、使用人、管理人的维护修缮行为进行技术和信息帮助。而维护修缮方面的专业技术并非文物主管部门所长，需要借助外在力量及专业技术实现本条款所预设的规范目标。为了实现这一管理职能，更好地指导围屋的维护修缮工作，对建筑技艺人才的培育与引进不容忽视。因此，本市各级人民政府应当重视培训古民居建筑工匠，积极培育和引进传统建筑保护专业人才。

第三十条【客家围屋保护性利用】

赣南客家围屋的保护性利用应当与其历史、艺术、科学、文化和社会价值，以及内部结构相适应，可以依法开设博物馆、陈列馆、纪念馆、非物质文化遗产传习展示场所、研习基地和传统作坊、传统商铺、民宿等，但是不得擅自改变赣南客家围屋主体结构和外观，不得危害赣南客家围屋及其附属设施的安全。

【条文释义】

一、关于客家围屋保护性利用的要求

客家围屋作为建筑文物，其具有独特的历史价值和艺术价值。根据《条例》第三条保护方针的规定，"保护为主、抢救第一、合理利用、加强管理"。在对客家围屋进行开发利用时，必须以保护为前提，绝对不能为了开发利用而对客家围屋进行完全改造，否则会使客家围屋的各方面价值都得不到发挥。

本条明确了赣南客家围屋的保护性利用，并且规定两个方面的要求：不得擅自改变赣南客家围屋主体结构和外观，不得危害赣南客家围屋及其附属设施的安全。

　　一方面，不得擅自改变客家围屋主体结构和外观。客家围屋的主体结构和外观是客家围屋的文化底蕴和文物价值所在。是客家先人长期的历史生活中为了生存和生活，用智慧和汗水建造起来的，保留围屋的主体结构与外观，是传承和保护客家文化的必然要求。依据《条例》第二十四条规定，客家围屋的维护、修缮原则是应当遵循不改变原状的原则，保持原有传统格局和历史风貌，不得改变主体结构。基于传承客家文化的需要，开发利用比之维护修缮要求更高，要求不得改变外观。因此，在对客家围屋进行开发利用时，在保存现状原则下最大限度地保护其完整的主体结构和外观。在保护利用时因维护、修缮或其他原因，需要改变客家围屋主体结构和外观时，应当尽可能保留历史风貌和使外观一致。另一方面，不得危害客家围屋及其附属设施的安全。《条例》第三条所规定的保护方针强调对客家围屋的保护利用传承应实现"整体性"，客家围屋及其附属设施就是一个整体。在对客家围屋进行保护利用时，也要对其附属设施进行相应的保护，目的是使客家围屋的历史风貌得以整体性保护。

二、关于保护性利用客家围屋的基本原则

　　保护与利用是相辅相成的，保护的目的是更好地利用，合理的利用能更好地促进保护。我国很早就提出了文物保护的"两利"（既对文物保护有利又对生产建设有利）和"一保二用"（保是前提，用是目的）的方针。文物建筑保护与利用的关系是现实工作中必须要面对及处理的主要问题，文物建筑的保护与活化利用工作中应遵循以下的几点基本原则：

(一) 保护为根本,活化利用促进保护

《文物保护法》及《中国文物古迹保护准则》是我国文物建筑的保护与活化利用必须严格遵守的法律及行业规范,其中《文物保护法》明确指出了文物保护工作应当遵守"保护为主,抢救第一,合理利用,加强管理"的十六字工作方针。

《中国文物古迹保护准则》开辟专门章节提出了文物古迹保护的原则,其中规定对文物古迹的保护应遵守,不改变原状、真实性的保护、完整性的保护、最低限度干预的保护、保护文化传统、使用恰当的保护技术、防灾减灾的保护原则。法律规范上,《文物保护法》及《文物古迹保护准则》在强调保护的前提下,也鼓励对文物的利用。《中国文物保护法》第二十三条规定,核定为文物保护单位的属于国家所有的纪念建筑物或者古建筑,可以建立博物馆、保管所或者辟为参观游览场所。基于客家围屋的文物价值和历史环境氛围,对客家围屋进行活化利用应有利于发挥其应有的价值,不能因过度利用或以其他方式进行不恰当的利用而对客家围屋的价值造成损害。对围屋建筑的保护是对其进行活化利用的基础,只有在围屋建筑的价值和本体得到保护的前提下,才有对其进行活化利用的基础。

(二) 坚持整体效益

客家围屋建筑具有重要的历史价值、艺术价值、科学价值、社会价值及文化价值,是人类公有的财产,在保护与活化利用中应体现公众所享有,为社会大众所服务的特性,应坚持文化教育效益、社会整体效益优先的原则。围屋的保护性利用还应满足人民群众的精神文化需要,坚持整体效益原则将精神文化效益、文化保护效益与经济效益相协调。

（三）可持续性

《条例》第三条和第二十四条的条文内容均体现了围屋保护可持续性的要求。可持续性于《中国文物古迹保护准则》中指出，对文物古迹的利用应强调可持续性，避免过度利用，因利用而增加的设施必须是可逆的。可持续性发展原则是同时满足当代人及后代人的需求，任何一方的发展需求不能以损害另一方的利益为前提，保证对围屋保护性利用的代际公平。

第三十一条【利用方式】

市、县级人民政府应当将赣南客家围屋的保护与利用纳入本级旅游规划。

赣南客家围屋所在地集体经济组织可以利用赣南客家围屋、自然资源发展文化旅游、乡村旅游，鼓励当地村（居）民从事旅游经营等相关活动，明确当地村（居）民合法权益的保障措施。

【条文释义】

客家围屋具有多方面的价值，我们可以利用各种合理的开发方式对其进行开发，让人们可以近距离地接触客家围屋，以使客家围屋的多方面价值得以发挥。

一、关于将赣南客家围屋的保护与利用纳入旅游规划

旅游发展规划是国民经济与社会发展规划的组成部分。《条例》第四条规定：市、县级人民政府将赣南客家围屋保护纳入国民经济和社会发展规划。根据《旅游法》第十八条第一款规定："旅游发展规划应当包括旅游业发展的总体要求和发展目标，旅游资源保护和利用的要求和措施，以及旅游产品开发、旅游服务质量提升、旅

游文化建设、旅游形象推广、旅游基础设施和公共服务设施建设的要求和促进措施等内容。"

第一，将赣南客家围屋的保护利用纳入旅游规划具有法律规范基础。根据《旅游法》第十九条规定："旅游发展规划应当与土地利用总体规划、城乡规划、环境保护规划以及其他自然资源和文物等人文资源的保护和利用规划相衔接。"第二十一条规定："对自然资源和文物等人文资源进行旅游利用，必须严格遵守有关法律、法规的规定，符合资源、生态保护和文物安全的要求，尊重和维护当地传统文化和习俗，维护资源的区域整体性、文化代表性和地域特殊性，并考虑军事设施保护的需要。有关主管部门应当加强对资源保护和旅游利用状况的监督检查。"因此，将围屋的保护利用纳入旅游发展规划既是为了与土地利用总体规划等围屋保护和利用规划相衔接，又是对围屋的人文资源进行旅游利用的过程。

第二，将赣南客家围屋的保护利用纳入旅游规划具有现实基础。在2018年，赣州市旅游部门组织开展了旅游资源普查，客家文化旅游区（龙南、定南、全南、安远）统计旅游资源共73个，其中重点开发22个，适度开发29个，可利用15个，保护为主7个。市文广部门加大对"非遗"项目的挖掘力度，2013年以来共筛选挖掘了2207个"非遗"项目，重点调查了601个。目前，全市"非遗"项目国家级10项、省级108项、市级165项、县级556项。对辖区内的客家文化项目有较为清晰的认知，便于后续旅游规划工作的展开。因此，市、县级人民政府应当将围屋的保护与利用一并纳入本级旅游规划，以便于与其他规划相协调。

二、关于围屋的旅游经营利用方式

利用传统建筑和自然资源发展乡村旅游，是我国在传统村落保护和历史文化名城保护中的成功经验,也是《江西省传统村落保护条例》的法律规定。在《赣州市发展全域旅游行动方案(2017—2019年)》中明确了客家文化旅游区的建设内容和23个重点文化旅游项目及客家旅游精品线路、"客家+红色"、乡村、生态精品线路。围屋大多地处乡村,结合其古风古色的建筑样式及周边自然资源,确实利于发展乡村旅游。但围屋及其附属设施、围屋相关的非物质文化遗产又代表客家文化,因此本条款在其中加入文化旅游的规定。本条款规定:"赣南客家围屋所在地集体经济组织可以利用赣南客家围屋、自然资源发展文化旅游、乡村旅游,鼓励当地村(居)民从事旅游经营等相关活动",条款意在鼓励围屋所在地的集体经济组织利用围屋及其周边自然资源发展旅游经营。利用围屋开发旅游资源,实际上是对《条例》第三十条的保护性利用的活用,依据《条例》第三十条规定:"赣南客家围屋的保护性利用应当与其历史、艺术、科学、文化和社会价值,以及内部结构相适应……"旅游经营中利用围屋开发乡村旅游与文化旅游实际上是对围屋的保护性利用。

关于旅游经营中围屋的具体利用方式,在《条例》第三十条规定,在不得擅自改变赣南客家围屋主体结构和外观,不得危害赣南客家围屋及其附属设施的安全的前提下,围屋可以依法开设博物馆、陈列馆、纪念馆、非物质文化遗产传习展示场所、研习基地和传统作坊、传统商铺、民宿等。但是在开设这些场所的过程中要依据上位法规定,如依据《文物保护法》第二十三条规定,核定为文物保护单位的属于国家所有的纪念建筑物或者古建筑,除可以建立博物馆、保管所或者辟为参观游览场所外,作其他用途的,必须要经过相应级别的部门同意。

从旅游的角度通过体验、展演的形式将传统技艺具象化，是赣州市文物保护的成熟经验。例如，国家AAAA级景区龙南虔心小镇内设立"手工榨油""客家酿酒""腐竹制作"技艺传习所等，章贡区在郁孤台历史文化街区设立"客家竹雕""根艺""客家瓷画像"等传习所，通过活态传承，既吸引游客，非遗项目又得到有效保护。充分挖掘地方民俗文化在景区展示，如上犹将九狮拜象、蚌鹤舞等民间舞蹈，上犹山歌等民间音乐，采茶马灯、牛牯灯等传统曲艺，分布在景区各个区域，搬上景区舞台，让不同的景区有自己的文艺特色，让景区游客真正感受到来自远古的传统文化魅力。利用围屋开设博物馆可以用于展示围屋有关明清时期的社会风貌和客家先民的生活全貌。而纪念馆一般针对某一需要珍视区别对待的事件、人物的特征性认识要求而作出的标志性展示。《条例》第十条规定的认定第二类客家围屋的情形：尚未核定公布为文物保护单位，具有突出历史、艺术、科学、文化或者社会价值，且符合著名人物居住、活动或者重大历史事件发生地的情形。对于此种第二类客家围屋，可以作为人物或事件纪念馆。将围屋作为陈列馆是指具体的围屋生活器具、客家先民生活方式以及各类客家文化的标识过程、特征的集中展现场所。对非物质文化遗产的传承主要靠传习所进行，建设非物质文化遗产传习所，其将担负起以下功能：在传习所场馆内开展围屋相关的非遗代表性项目的保护、传承、研究和展演工作。用于实现《条例》第二十九条规定的传承、弘扬与赣南客家围屋相依存的民俗风情、民间艺术等非物质文化遗产。将非遗活态传承融入文化旅游项目，从旅游的角度通过体验、展演形式将传统技艺具象化。通过活态传承，既吸引游客，非遗项目又得到有效保护。传统作坊是一段历史时期内手工业生产的基本单位，以手工劳动为主进行生产。围屋进行传统作坊利用，可以作为农村脱贫攻坚、乡村振兴的产业基地，活化农村劳动力的生产方式。并且，作为乡村旅游与文化旅游的重要组成部分，传统作坊还可以用于生产客家文化特色的手工艺术品及纪念品，将围屋的文化价值与旅游价值转换为经济效益。传统商铺也就是传统店面，传统店面的特点最主要的是要体现传统的中式元素，体现中国的当地文化，包括店面装修、店面布局、店面的特色等。传统店面主要经营比较有特色的东西，例如，在传统作坊中所生产的客家文化与围屋相关的工艺品及纪念品，就可以在传统商铺中销售。民宿就是利用当地民居等相关闲置资源，为游客提供体验当地自然、文化与生产生活方式的小型住宿设施。将围屋改造为民宿，可以提供客家文化与特色服务的接待设施，满足来到客家围屋乡村旅游及文化旅游的游客需要。

以上关于围屋的旅游经营利用方式，既是传统村落与文化保护名城保护利用中的成功经验，实质上又是保护性利用。可以满足围屋旅游规划所设计的各类需要，又能将围屋的文化价值及旅游价值转换为经济效益。这些利用方式，将闲置围屋利用起来，避免了资源的浪费，也是对围屋的保护过程。

第三十二条【客家围屋的开发利用】

赣南客家围屋作为旅游景区的，景区经营者应当根据自愿原则与赣南客家围屋所有人订立合同，约定收益分成、保护措施、禁止行为等内容，并从旅游收入中提取一定的比例用于赣南客家围屋保护。

【条文释义】

客家围屋是客家人物质文明与精神文明的载体，具有突出历史、艺术、科学、文化或者社会价值或其他具有特别保护义务的情形。从旅游开发角度而言，围屋资源丰富、知名度高、可观赏性强且文化内涵深厚。将赣南客家围屋作为旅游景区具有可行性和可靠性。但是，基于围屋的文物属性与文化资源等属性，进行商业性开发利用时，作为旅游景区的客家围屋景区经营者还负有一定义务及责任。客家围屋作为旅游场所时，为了防止对它造成严重损坏，政府必须要引导景区经营者与客家围屋所有人或者客家围屋保护组织订立合同，约定对客家围屋的保障措施和禁止性行为，同时也是为了保障所有人的利益。

一、关于根据自愿原则与围屋所有人合同约定收益分成、保护措施、禁止行为等内容

客家围屋所有人作为围屋的生活者和利益攸关方，在旅游开发中尊重其意愿，发挥其主体作用至关重要。一方面要充分调动所有人的积极性，另一方面要切实保障其合法权益。既有经验表明，不可移动文物资源一旦用于旅游开发利用，必然产生许多的利益冲突和纠葛。以福建永定土楼为例，自2008年福建土楼被列入世界文化遗产名录后，洪坑村作为民俗文化村景点发展旅游，带来巨大文旅价值与经济效益，同时也引发不少的冲突。例如，由于文化遗产保护的要求，村内不得建设新房，并将房屋颜色涂成土黄色，村民新建住房要求被搁置等问题。本条款在汲取先进经验的同时，也是对经验教训的总结，保障所有人权益的同时明确各方权利义务。

本条款强调的是景区经营者与围屋所有人签订合同的前提是依

据自愿原则。景区经营、发展旅游的根本目的是以围屋的客家文化资源、文物资源及围屋相关的非物质文化遗产发展乡村旅游与文化旅游,以此促进经济发展、经济效益提升。但是,经济效益提升并不一定是围屋所有人的唯一价值追求。一方面,通过对围屋的旅游经营,可以提高当地村民的收入、促进开发利用。只有从旅游开发中得到实惠,所有人将其所有的围屋作为资源放心地进行开发利用,主动参与到围屋旅游开发中来,丰富围屋旅游的内容。另一方面,围屋所有人可能的其他因素,也会影响其选择。例如,作为旅游景区可能导致围屋所有人与景区经营者之间就房屋装饰、外墙涂装等禁止行为和保护措施作出一定规定。最重要的是,商业开发中往往景区经营者得利颇丰,而所有人利润分成少,造成双方矛盾甚至影响景区。并且,成为景区后,围屋所有人的安宁会不可避免地受到一定影响。现实中,许多围屋不具备商业开发价值。甚至对有的围屋及其所有人而言,不惊扰、不商业化开发就是最好的保护。

实践证明,只有在自愿原则下将收益分成、保护措施、禁止行为加以约定,才能增强围屋所有人的主人翁精神和服务意识,更好地展现围屋的历史风貌。自愿原则下的保护措施与禁止行为,其认可度与执行度将更高,更利于围屋的保护,也更利于围屋旅游的可持续发展。

二、关于抽取收入比例用于围屋保护

旅游收入来源于对客家围屋的开发利用,因此抽取一定比例用于对客家围屋的保护也是循环利用。作为对围屋的资金保障,围屋保护资金的来源主体和资金保障主要是来自财政预算与所有人、使用人、管理人的出资维护修缮。

但是，若要实现长效保护机制，就要以保护促进利用，形成自我维系的体系。《条例》所规定的保护性利用，既强调利用过程中的保护，也强调通过利用实现保护，是拓宽保护资金来源的方法。根据《文物保护法》及《条例》规定，围屋的维护修缮均应由围屋所有人和使用人负责维护和修缮及相关费用。因此，通过旅游开发利用过程中的收益抽取比例，既能拓宽资金投入渠道，也能实现保护性利用的活化。

第三十三条【营业性开发前需进行可行性论证】

纳入保护名录的赣南客家围屋进行旅游和商业项目开发的，赣南客家围屋所在地县级人民政府应当对开发类项目进行可行性论证，对开发条件不成熟的，应当先予保护、禁止开发；已经实施开发的，应当加强保护，严格控制开发力度。

【条文释义】

一、关于营业性开发前进行可行性论证的目的

可行性指对过程、设计、程序或计划能否在所要求的时间范围内成功完成的确定。可行性论证指对营业性开发的技术性、经济效益和围屋保护合理性进行综合分析和论证。可行性论证的目的在于实现围屋的保护性利用，利用必须建立在保护的前提下。《条例》第三十条规定的围屋保护性利用，是建立在结合围屋的各方面社会价值及内部结构，在不得擅自改变赣南客家围屋主体结构和外观，不得危害赣南客家围屋及其附属设施的安全前提下进行。可行性论证的关键在于经营模式的成熟程度、具体的利用方式及对围屋主体结构的影响程度。并且对商业性开发的条件和预期的经济效益、社

会效益作出正确的分析和评价。对围屋的商业性开发前进行可行性论证，还应做好以下几点：

第一，避免可行性论证流于表面，论证目标应是长期性影响。在项目可行性研究过程中对商业化利用的可行性论证不能流于表面，不能以满足当下的围屋安全为标准，还要考虑商业性开发及围屋改造对围屋的长期影响。

第二，防范"管制俘获"。管制俘获是指政府监管是为满足监管需要，但监管机构反而受到被监管者影响、控制，不能有效监管被监管企业。项目可行性研究报告应具有全面性和综合性的特征，不能忽视其中的风险性问题。例如，为了经济效益而无视商业性利用对围屋的主体结构影响。在客家围屋的商业性开发利用过程中忽视相关政策要求，或者忽视相关安全规定。

第三，可行性论证的专业性问题。依据《条例》第七条规定："市人民政府成立赣南客家围屋保护专家委员会。赣南客家围屋保护专家委员会由文化、文物、考古、历史、规划、旅游、建筑、土地、社会、经济和法律等领域专家组成，负责赣南客家围屋保护利用的咨询、指导、评估相关工作，日常工作由市人民政府文物主管部门负责。"县级人民政府若实施对开发类项目的可行性论证，还要考虑县级文物主管部门的专业性水平限制。并且，可行性论证的内容是多方面的，包括技术可行性、经济可行性、社会可行性及风险对策。若县级人民政府专业度不足，可以考虑向市人民政府申请，请求专家委员会的多方位咨询、论证，再行判断。

二、关于论证主体与论证后措施

现实中，许多客家围屋并不具备商业开发价值，或者开发条件并不成熟，但却早早被开发。保护赣南客家围屋，不能完全依靠赣南客家围屋的所有人、使用人、管理人"用爱发电",还要在条件允许的前提下适当进行商业化开发,满足所有人及周边群众的经济效益需要。而且,论证的目的不是不允许商业化开发,是在保护性利用的前提下对开发类项目实施一定的限制。非物质文化遗产保护、不破坏围屋主体结构的保护修缮工作等非开发类项目,不在本条款的论证客体和论证范围之内。

对开发类项目进行可行性论证和开发条件论证的主体,政府责无旁贷。围屋的保护主体权责在于市、县级人民政府。对此,《江西省传统村落保护条例》第四条第一款在立法原则中明确规定,传统村落保护应当"政府主导"。第六条规定,"县级人民政府……应当建立传统村落保护工作协调机制,统筹推进传统村落保护各项工作"。第三十七条规定:"传统村落进行旅游和商业项目开发的,传统村落所在地县级人民政府应当对开发类项目进行可行性论证,对开发条件不成熟的,应当先予保护、禁止开发;已经实施开发的,应当加强保护,严格控制开发力度。"客家围屋开发利用的原则是保护性利用,所以在进行旅游和商业项目开发前,客家围屋所在地县级人民政府要对项目进行可行性论证,以确保项目的实施不会造成客家围屋的严重损坏。考虑县级人民政府与开发项目没有直接的利益关系,因此由政府来进行论证是较为公正的选择。

在进行多方面的可行性论证后,对那些开发条件不成熟的客家围屋,应当先予以保护、禁止开发;而那些已经实施开发的客家围屋,应当加强保护,并且需要有关部门严格控制开发力度。只有在尊重客观规律的前提下,对客家围屋进行合理的开发,才能使客家围屋的文化价值和商业价值得到更好的发挥。

第三十四条【鼓励社会资本参与客家围屋保护利用】

鼓励建立赣南客家围屋民间保护组织，吸引社会力量参与赣南客家围屋的修缮、认领、展示利用、看护巡查、文化创意、志愿服务等保护利用工作。

【条文释义】

一、关于鼓励客家围屋保护利用的社会参与

第一，鼓励客家围屋保护利用的社会参与是补足资金来源的需要。面对文物维修所需成本巨大、资金不足，当事人怠于履行维修义务的现状，客家围屋的保护利用还应在政府与所有人之外开辟适当的保护利用路径。社会参与（公众参与），属于这样一种社会力量参与。通过鼓励建立赣南客家围屋民间保护组织，吸引社会力量参与围屋的修缮、展示利用及看护巡查、志愿服务等保护工作。可以在文物主管部门及市、县级人民政府之外，增添第二类保护方式，一方面既能弥补行政监管执法力量不足的缺憾，另一方面还能减少围屋维护修缮等保护工作的相关费用，一举多得。

第二，鼓励客家围屋保护利用的社会参与意在引导社会力量有序参与围屋的保护利用。《条例》所规定的围屋保护利用的体系，是以政府主导及其他主体有序参与为基础。社会公共权益是公民个人权益的集合，因此，公众有保护社会公共利益的天然积极性。客家围屋作为客家先民的智慧结晶，为其传承者提供了特别的精神寄托和文化认同。对于客家人民和有识之士来说，围屋所承载的特定精神价值是其他财产无法取代的。围屋的保护利用正是基于这一认知，是社会力量与其他主体对社会公共权益的保护。文物的特殊性在于其不仅具有使用价值和交换价值,还可给人带来精神文化方面的启迪与享受。

围屋的保护利用作为公共利益,公众参与具有天然的正当性和合理性。我国法律在社会参与上有丰富的立法经验与实例。多元主体的参与协作需要法律提供共同的行为框架和规则,从而降低行为成本,提高行为的实质效果。[1]通过法律规范的形式,可以使包括社会力量在内的多元主体得以合法、有序地参与围屋的保护利用。例如,在《民事诉讼法》中,允许符合规定条件的社会组织提起民事公益诉讼。此后,各类社会力量通过法规规范的授权依法有序行使其力量,实现环境保护等多维度的公共利益保护。因此,《条例》规定,鼓励客家围屋保护利用的社会参与依据法律规定的活动范围、活动内容,有序开展对围屋的保护利用。这种保护利用方式,既能正当化赋权社会力量促进其保护积极性,又能防范社会力量无序参与破坏客家围屋的主体结构及其完整性。

二、关于民间保护组织的工作内容

依据本条款规定,以社会力量为主的民间保护组织的工作内容(活动范围、活动内容)有限,其内容限于参与赣南客家围屋的修缮、认领、展示利用、看护巡查、文化创意、志愿服务等保护利用工作。这些工作往往专业性水平不高,但却是常态化、碎片化的,是行政管理中可能被遗漏的内容。利用社会力量,其实就是鼓励社会力量在这些领域内发挥作用,相应地减轻监管负担及行政成本。在对民间保护组织参与围屋的保护利用赋能的同时,规范化其参与

---

〔1〕 孟春阳、王世进:《生态多元共治模式的法治依赖及其法律表达》,载《重庆大学学报(社会科学版)》2019年第6期。

的内容,实际上是为了使社会力量参与围屋保护利用过程有序化,不至于"帮倒忙"。一方面,社会力量组成的民间保护组织可能热情有余、专业能力不足,对于围屋的其他各类保护利用措施,不能实现良好的参与效果。例如,对围屋的改造及抢救等工作专业水平高且负有一定风险,不应由社会力量承担。另一方面,其他保护利用职责主要由政府承担,如此规定还能防范行政机关可能的懒政、不作为现象。因此,对民间保护组织的工作内容仅限于赣南客家围屋的修缮、认领、展示利用、看护巡查、文化创意、志愿服务等工作。

第三十五条【文物主管部门的监督检查】

市、县级人民政府文物主管部门应当对纳入保护名录的赣南客家围屋进行监督检查,对发现的问题应当及时纠正、处理。

【条文释义】

关于文物主管部门的监督检查职能

本条款规定了对纳入保护名录的赣南客家围屋进行监督检查的主体为市、县级人民政府文物主管部门。

(1)监督检查的部门协同。客家围屋保护工作存在涉及面广、保护难度大的特点。在有关范围内,文物主管部门还应就赣南客家围屋保护的其他事项与其他部门进行协作。具体而言,在客家围屋保护的日常工作中,文物主管部门负有为客家围屋保护利用拟定发展方针和规划、组织围屋资源调查、指导围屋保护宣传工作、协调和指导围屋保护工作、追究违法行为人法律责任、监督检查等具体职责。

除了规定文物主管部门对本行政区域内的赣南客家围屋保护实施监督管理，还规定了其他有关部门的监管职责。例如，依据《条例》自然资源部门有职责对在客家围屋的保护范围和建设控制地带内的污染进行监测；对已有的污染文物保护单位及其环境的设施限期治理。环境保护部门职责，是在文物保护单位的保护范围和建设控制地带内，对可能影响文物保护单位安全及其环境的活动排查，对已有的污染文物保护单位及其环境的设施，限期治理；将客家围屋保护纳入环境保护规划编制。监督检查可能还涉及应急管理部门的协同，主要监督检查客家围屋的消防建设及抗灾害能力。客家围屋因历史悠久，可能年久失修、白蚁灾害严重。文物主管部门应协同应急管理部门，加强客家围屋安全防范、消防措施等的落实，针对灾害预防和白蚁防治做好应对及预案。

（2）关于监督内容及监督结果。依据本条款规定："市、县级人民政府文物主管部门应当对纳入保护名录的赣南客家围屋进行监督检查，对发现的问题应当及时纠正、处理。"因此，本条款的监督对象是被列入保护名录的第一类、第二类及第三类客家围屋，其余客家围屋不在监督范围之内。监督内容为列入保护名录的客家围屋保护状况，主要指向国有客家围屋的使用人及非国有客家围屋的所有人对客家围屋的日常维护，以及维护修缮的效果。例如，依据《条例》第二十四条规定，在对第二类客家围屋改造过程中对建筑内部进行适当的、可逆的改造，以及对第三类赣南客家围屋进行适当的基础设施改造、添加必要的生活设备和设施的过程中是否保持原有传统格局和历史风貌、是否改变主体结构进行监督检查。并且，基于客家围屋保护的长效性要求，监督措施的频次不能过低，应当是常态化的。因此，所采取的监督措施为定期检查与不定期回访。对于监督检查中不符合要求的监督结果,文物主管部门应当督促相关责任人进行整改,对督促整改围屋保护中所存在的问题,应就围屋监督结果的督促整改情况进行"回头看"。对于监督检查中发现的问题,应当及时纠正处理。

  具体而言,要提高客家围屋的质量,就必须加强对客家围屋的质量监督工作,客家围屋的监督检查工作由文物主管部门完成。在完成监督检查工作的同时,还要注意"管制俘获"与行政专业性的问题。在监督检查过程中,还要注意通过优化监督检查机制,为客家围屋保护提供更有力的监管方面保障。

第四章 资金保障

【本章为资金保障部分,共四条,明确了客家围屋产权人保护修缮的约束性规定;规定了客家围屋保护资金的来源主体和资金保障的重点;对单位和个人捐赠保护资金的税收优惠原则进行了规定;对客家围屋保护资金不受非法截留、侵占、挪用,确定了禁止性规范。】

第三十六条【市县人民政府对客家围屋保护提供资金支持】

市人民政府应当为纳入保护名录的赣南客家围屋保护提供奖补资金。县级人民政府应当根据本地实际安排赣南客家围屋保护资金,列入本级财政预算,用于赣南客家围屋保护发展规划编制、维修设计、维护修缮的补助等。

市、县级人民政府给予维护修缮奖补的,应当与赣南客家围屋所有人、使用人、管理人约定双方权利义务。

【条文释义】

本条规定是赣州市对赣南客家围屋的保护投入大规模资金的真实写照。由国家和政府投入资金保护文物是我们党和国家一以贯之的保护政策。中共中央于1973年设立了"国家重点文物保护专项补助经费",1982年,《文物保护法》颁布实施后,政府每年安排的国家重点文物保护专项补助经费大幅增长，初步建立起以中央财政为主、地方财政为辅的文物保护经费投入主渠道。

2002年，全国人大常委会公布新修订的《文物保护法》，使文物保护经费投入有法可依；2005年，中共中央、国务院出台了《关于深化文化体制改革的若干意见》，国务院印发了《关于加强文化遗产保护的通知》。2006年，公布了新中国第一个专门部署文化建设的五年规划，即《国家"十一五"时期文化发展规划纲要》。2009年，我国第一部文化产业专项规划，即《文化产业振兴规划》实施。2011年，党的十七届六中全会通过了《中共中央关于深化文化体制改革、推动社会主义文化大发展大繁荣若干重大问题的决定》。党中央、国务院对文物保护事业的高度重视，使得文物保护经费投入逐年加大。"国家重点文物保护专项补助经费"逐年大幅提高；国务院印发了《关于开展第三次全国文物普查的通知》，"中央抢救性文物保护设施建设专项资金"总量显著增长。国家文物局编制的《国家"十一五"抢救性文物保护设施建设专项规划》得到全面执行，列入"十一五"期间实施的文物保护设施建设规划投资逐一落实。在《完善促进文化改革发展的政策保障机制》中提出了五条措施，其中第一条措施就是加大财政文化投入力度，确保中央与地方财政文化投入稳定增长。还指出，"各级财政要切实增加文化投入，保证公共财政对文化建设投入的增长幅度高于财政经常性收入增长幅度，提高文化支出占财政支出比例。"这与2015年《文物保护法》规定的"国家用于文物保护的财政拨款随着财政收入增长而增加"相一致，研究建立文物保护经费投入稳定增长的长效机制。

2017年，赣州市正式实施赣南围屋抢救性保护维修工程，计划由市、县两级财政筹措近5亿元资金，用3年时间完成全市113处围屋的修缮工作，其中2017年维修28处，概算资金1.9亿余元；2018年维修44处，概算资金1.6亿余元；2019年维修41处，概算资金1.3亿余元。对于这些政府资金支持，应当有相应规范对其来源、形式及使用原则作出规定，故作出此规定。

一、关于市人民政府提供奖补资金与县级人民政府安排保护资金

本条规定，市人民政府应当为列入保护名录的客家围屋保护提供适当的奖补资金，县级人民政府应当根据列入保护名录的客家围屋保护工作的实际需要，统筹安排客家围屋保护经费。

（一）奖补资金与保护资金统筹列入本级财政预算

将文明行为促进工作所需经费列入本级财政预算，从经济上给予了该工作坚实的保障，是十分重要的一步。我国《预算法》第五条第一款规定："预算包括一般公共预算、政府性基金预算、国有资本经营预算、社会保险基金预算"；第六条第一款规定："一般公共预算是对以税收为主体的财政收入，安排用于保障和改善民生、推动经济社会发展、维护国家安全、维持国家机构正常运转等方面的收支预算。"根据这两条规定，应当将由政府主导的客家围屋保护利用工作所需经费纳入一般公共预算中。本条款明确指出，市级人民政府为列入保护名录的客家围屋保护提供适当的保护资金。市人民政府所提供的奖补，也就是奖励与补偿，可以通过提供政府补贴、资金或其他方面的奖励来鼓励所有人对客家围屋进行修缮维护，以补偿将私有客家围屋用于公益保护的个人损失。

在《条例》立法工作展开之前，对于赣南客家围屋保护的两个

主要问题是:权责不清晰和资金投入匮乏。《条例》第二十三条规定:"纳入保护名录的国有赣南客家围屋由使用人负责维护和修缮;非国有赣南客家围屋由所有人负责维护和修缮,所有人、使用人、管理人另有约定的,从其约定;所有权不明的,由县级人民政府负责。纳入保护名录的赣南客家围屋有损毁危险,所有人不具备修缮能力的,县级人民政府应当给予帮助。所有人具备修缮能力而拒不依法履行修缮义务的,市、县级人民政府可以给予抢救修缮,所需费用由所有人负担。"该条款将围屋维护修缮的责任有了较为清晰的确认。

(二) 保护资金的来源及适用比例

目前,赣南客家围屋保护的资金投入基本上是靠政府财政拨款。也就是说,《条例》应当对这笔财政拨款进行一定的规范。而比较重要的一个问题就是资金投入问题。即市、县级人民政府对客家围屋保护提供资金支持,资金支持是临时性的特殊支出还是列入财政预算?政府资金支持具体用于哪些事项?

第一,为什么要由政府投入资金。赣南客家围屋的保存现状是围屋所有权权属复杂、所有人大多迁出围屋不再居住,也不再进行维护修缮。同时,赣南客家围屋数量众多,可供投入的资金与实际保护需要的资金相去甚远。因此,客家围屋一方面保护缺乏来自所有人、使用人及管理人的资金支持,另一方面又缺乏其他来源的可靠、稳定、足额的资金。两种情形交织,造成客家围屋在很长一段时间保护缺失,日渐凋敝。为什么由政府投入资金?这既是因为政府行为代表公共利益,又是因为文物保护是国家职责,政府有义务投入资金对客家围屋进行保护。

第二,资金奖补在用于补偿维护修缮时,并不是全额奖补。依据《条例》第二十三条规定，维护修缮费用原则上应当由所有人或使用人承担。只有在所有人不具备修缮能力时或所有权不明时，才由政府负责维护与修缮并承担费用。一方面，客家围屋所附有的行政役权要求所有人必须履行维护修缮义务。另一方面，由于维护修缮义务的强制性是对所有人或使用人权利的克减和限制，对所有人和使用人应当具有一定程度的补偿。这部分补偿，就是本条款所要考虑奖补资金的成本收益分析，要考虑到资金使用出去的效果。因此，本条款所规定的奖补资金，是在一定比例或一定范围补偿所有人或使用人，并不是全额补偿所有人或使用人因维护修缮的全部费用。

(三) 保护资金的用途

本条明确规定了客家围屋保护资金的用途。根据本条款规定及《条例》其他条款规定，客家围屋的保护资金主要用于以下几个方面：

(1) 用于保护发展规划编制；(2) 用于客家围屋的维修设计；(3) 用于客家围屋的维护修缮；(4) 用于客家围屋保护标志的制作和设置等保护工作；(5) 编制维修、设计方案的费用；(6) 保护标识制作、设置的费用；(7) 促进客家围屋合理利用的费用；(8) 培训围屋相关的建筑工匠，培育和引进传统建筑保护专业人才的费用。

此外，客家围屋保护资金还可用于围屋等级变更产生的申报及营业性开发前项目论证的费用等事项。

二、关于给予维护修缮奖补与约定权利义务

由于围屋的保护不可避免地影响到所有人、使用人及管理人的部分权能行使。尤其是所有权权能的行使直接影响所有人的生活水

平和生活品质,因保护的需要而对围屋所有权进行的限制,不仅影响所有人对不动产的占有、使用、收益和处分,还将对其生存和发展的权利产生一定影响。通过适当的方式平衡所有权因文物保护而受到限制及其利益的损失。

根据本条款第二款规定:"市、县级人民政府给予维护修缮奖补的,应当与赣南客家围屋所有人、使用人、管理人约定双方权利义务。"客家围屋的所有人、使用人、管理人需要遵循《条例》的法定义务。同时,依据本条款第二款之规定,对于给予维护修缮奖补的,客家围屋的所有人、使用人、管理人还应当与市、县级人民政府约定双方权利义务。对于本款所规定的约定双方权利义务,应当理解为市、县级人民政府给予的维护修缮奖补是用于围屋的维护修缮之用。因此,双方所约定的权利义务,是所有人、使用人、管理人应当按时排查险情、及时上报、信息沟通等保护承诺书外的交互义务。

第三十七条【赣南客家围屋保护社会基金】

鼓励依法设立赣南客家围屋保护社会基金。赣南客家围屋保护社会基金可以通过政府投入、社会各界及海外捐赠、国际组织提供的保护经费等多渠道筹集。赣南客家围屋保护社会基金应当依法筹集、管理和使用,并接受社会监督。

【条文释义】

对赣南客家围屋保护社会基金的来源、使用及监督的规定,关系到围屋保护和利用的关键,即围屋保护经费的其他供给途径。赣南客家围屋的保护历来都存在保护经费的来源问题,保护经费供给事关赣州市围屋事业发展大计。寻求有效的经费供给，对于满足围屋保护的资金需求、提升围屋保护利用的治理体系和治理能力都将产生重要的影响。赣州市在赣南客家围屋保护的资金投入方面，采取向上争、向内挤、向外筹等方式不断拓宽资金投入渠道，加大围屋保护及开发力度。在向上争和向内挤方面，赣州市争取到上级围屋修缮经费、非遗保护经费共计12 725.8万元；并且，2017年到2019年，赣州市的市、县两级财政计划投入4.9亿元，推动赣南围屋抢救性保护工程。而向外筹方面，始终是赣南客家围屋保护经费的难点与重点。一是没有一个统一的、合法的渠道可供外界筹集的方式；二是对于对外筹集平台没有相应的监督机制。财政部门应进一步拓宽文物保护投入来源渠道，加强非税收入管理，加大财政综合预算改革，提高财政预算投入的整体效益。财政部门应采取政策扶持、税收减免等多种措施，鼓励和引导社会、企业和个人等通过捐款等方式，探索建立文物保护专项基金，逐步形成政府主导，市场运作，多方投入，发挥各方积极性的投资新机制。

一、关于赣南客家围屋保护社会基金的设立及筹集渠道

依据本条款规定，《条例》鼓励依法设立赣南客家围屋保护社会基金，并对于赣南客家围屋保护社会基金的经费筹集渠道作了相应列举。

基于有限政府理论和公共财政供给有限性，围屋保护经费不可能由政府单一供给，这既与公共财政职能有限的原则相背离，使得政府承担了过多的公共职责，又导致对客家围屋的保护资金供给不足。另外，随着赣州市围屋保护事业外延和拓展，围屋保护种类和数量都不断增加，财政有限的资金难以应对围屋的巨大需求，与围屋保护的需求不相适应。因此，除政府财政作为赣南客家围屋保护

资金外，保护资金还应当有其他来源，赣南客家围屋保护基金的设立正是基于此背景和目标。并且，从国内外文物保护的经验来说，因此，围屋保护社会基金的资金筹集渠道，必然不能仅限于政府投入，也应当开放社会各界的参与。并且，考虑到客家文化广泛传播，本条款还列举了海外捐赠及国际组织提供的保护经费等渠道。为了满足围屋保护的资金需要与合法筹集平台，本条款规定是为满足以上两种需求。本条款用鼓励依法建立基金，表明建立主体是社会主体而非政府机关。因此，本条款特此规定：赣南客家围屋保护社会基金可以通过政府投入、社会各界及海外捐赠、国际组织提供的保护经费等多渠道筹集。

二、关于赣南客家围屋保护社会基金的管理与监督

本条款第一款意在通过法定形式确定赣南客家围屋保护基金的组织方式、资金来源及构成。并且，本条款所规定的"赣南客家围屋保护社会基金应当依法筹集、管理和使用，并接受社会监督"，是一种专项基金。

在建立赣南客家围屋保护社会基金的管理与监督时，应当注意管理与监督以下几个方面的事项：

第一，在立法完成后，还应当完善赣南客家围屋保护社会基金后续的专业管理制度。例如，将建筑技术专家、法律专家、审计人员引入赣南客家围屋保护社会基金组织（尤其是接收了政府财政的保护基金）的管理机构。在社会保护基金组织内部，技术上成立专家委员会的咨询、评估机制，建立各种技术咨询小组。在财务上，应当完善审计制度的运用。赣南客家围屋保护社会基金的运用需要大量技术性规则，必须熟悉掌握各类专业技术的人才应对相关情形，决定具体的个体客家围屋的资金使用情况。

第二，建立社会公众对赣南客家围屋保护社会基金的监督管理机制，发挥公众监督的作用。发挥社会公众的监督机制，首先通过让公众广泛参与到基金的投资使用活动中，可以以多种形式展开。例如，开放结果评议，将基金的使用让公众进行评议，评议的途径可以采取一般行政程序的听证会，或者建立公众意见反馈信息体系，来获得公众对基金投资使用方面的意见。

第三，从赣南客家围屋保护社会基金会内部出发，规范基金会内部的各项管理制度，尤其是对募捐途径及大额资金去向的信息透明。规范募捐方式及救助各细节，以免假借募捐而中饱私囊，或救助失当。通过实施大额资金、重要事项的透明，实现围屋保护基金会的自我监督管理。

第四，制定基金会专用的财务及审计规则，规定部分人员对保护基金的财务享有知情权。例如，至少能让大额捐赠者、有关国家工作人员及科研人员查阅基金会账目及档案，实现真正的管理透明化。

第三十八条【社会资金参与保护】

鼓励社会资金参与赣南客家围屋保护，单位和个人依照法律、法规的规定对赣南客家围屋的保护进行公益性捐赠的，依法享受税收方面的优惠。

【条文释义】

一、关于依法对赣南客家围屋的保护进行公益性捐赠的可享受税收方面的优惠

客家围屋不仅数量多，维护修缮要求高，并且客家围屋保护工作是一项长期性的工程项目，因此对资金的需求非常大。如果资金需求仅有政府财政支出是显然不足的，对围屋的保护需要其他各界的资金支持，需要广泛吸纳民众力量来对客家围屋进行保护。在《条例》第三十六条明确县级财政统筹和市级财政奖补的前提下，又通过第三十七条规定，鼓励设立赣南客家围屋保护社会基金的方式，拓宽资金获取渠道。但是，仅有政府奖补与保护基金依然是不足的，还可以通过其他方式吸引两者之外的社会公众参与资金投入。例如，可以通过财政杠杆、税收优惠等吸收社会资本和公益性捐赠参与客家围屋的保护。因此，本条款对参与围屋保护相关的社会资本进行税收优惠，来鼓励更多的社会力量加入客家围屋保护的工作中来，使客家围屋可以得到更好的保护。

二、关于公益性捐赠的税收优惠政策

公益性捐赠的企业所得税税收优惠依据一般性税收规定：按12%比例税前扣除。根据《企业所得税法》第九条的规定："企业发生的公益性捐赠支出，在年度利润总额12%以内的部分，准予在计算应纳税所得额时扣除……"所谓公益性捐赠，根据《企业所得税法实施条例》第五十一条、第五十二条的规定，是指企业通过公益性社会组织或者县级以上人民政府及其部门，用于符合法律规定的慈善活动、公益事业的捐赠。《慈善法》规定，企业慈善捐赠超过当年应纳税所得额可以扣除的部分，可结转在以后三年进行扣除，这是我国首次立法规定允许企业超额慈善捐赠可以向后结转扣除。为配合《慈善法》相关的税收优惠规定，全国人大常委会于2017年2月修正了《企业所得税法》的相关条款。修订后的《企业所得税法》规定，用于公益事业的捐赠支出，当年可扣除额为年度利润总额的12%，超额部分可以递延到后三年扣除。

并且，依据仅有通过特定团体或部门作出的公益捐赠才能享受所得税扣除优惠政策，慈善捐赠能够获得的税收优惠有限。在赣南客家围屋的公益性捐赠中，单位和个人可以通过向文物主管部门、县级以上人民政府及赣南客家围屋保护社会基金进行捐赠的方式，享受税收优惠政策。

由此，根据《企业所得税法》及其实施条例的规定，公益性将单位与个人的围屋保护捐赠行为的应税范围，分为三个层次：

一是非公益性的捐赠，不得从应纳税所得额中扣除；

二是纳税人未通过公益性社会团体或者县级以上人民政府及其部门，直接向受捐人进行的捐赠，不允许从应纳税所得额中扣除；

三是超过国家规定允许扣除比例的公益性捐赠，不得从应纳税所得额中扣除。

在对赣南客家围屋的公益性捐赠中还需注意的是，2008年施行的《企业所得税法》及其实施条例施行以前，财政部、国家税务总局下发了一系列文件，规定企业的某些特定公益性捐赠可以在企业所得税前全额扣除。如财税〔2006〕66号文、财税〔2006〕67号文、财税〔2006〕68号文都规定企业、事业单位、社会团体和个人等社会力量，通过该文件规定的公益性组织，用于公益救济性捐赠，准予在缴纳企业所得税前全额扣除。《企业所得税法》及其实施条例开始施行后，此前年度财政部、国家税务总局发布的与新《企业所得税法》及其实施条例规定不一致的"企业用于公益性捐赠支出可以100%扣除"的规定已经废止。

与企业所得税一样，如果单位或个人直接向客家围屋进行捐赠的，也不允许从个人所得税应纳税所得额中扣除。

第三十九条【依法使用保护资金】

任何单位和个人不得违反法律、法规的规定使用赣南客家围屋保护资金。

财政、审计等部门应当按照各自职责,对政府投入资金的使用情况进行监督检查。

【条文释义】

在对赣南客家围屋的保护性利用要求日益提高的同时,《条例》对围屋保护经费的管理和使用提出了更为规范化的要求。

一、关于不得违法使用赣南客家围屋保护资金

对于不得违法使用赣南客家围屋保护资金的理解,主要可以理解为任何单位和个人不得截留、侵占、挪用客家围屋保护资金。

本条的规定是关于不得违法使用赣南客家围屋保护资金的规定。一是为了保证客家围屋的保护资金不受非法截留、侵占和挪用,确立了禁止性法律规范。依据本条第二款所确定的禁止性法律规范,要求任何单位和个人不得违反法律、法规的规定使用赣南客家围屋保护资金。《文物保护法》(2015年4月24日第十二届全国人民代表大会常务委员会第十四次会议第四次修正)第十条关于文物保护专项经费的监管规定。《文物保护法实施条例》第二条规定:国家重点文物保护专项补助经费和地方文物保护专项经费,由县级以上人民政府文物主管部门、投资主管部门、财政部门按照国家有关规定共同实施管理。任何单位或者个人不得侵占、挪用。依据我国宪法及法律规定,国家财产神圣不可侵犯,禁止任何单位和个人侵占、哄抢、私分、截留、破坏。任何单位和个人在客家围屋保护资金的分配上，必须服从县级以上人民政府及其文物主管部门的统一指挥、统一调配，保证分配计划落实到位，并接受人民群众监督。任何单位和个人不得拼接职权擅自更改客家围屋保护资金的分配方案和数额，应当做到分配方案公开、分配结果公开，必要时还应向捐赠组织或者个人反馈捐赠资金和物资的使用情况。任何单位和个人擅自将客家围屋保护资金截留、侵占、挪用，不论其用途是归属于个人使用或者转作他用，都应当按照《刑法》的挪用公款罪、贪污罪等有关规定追究刑事法律责任或者依据行政法规追究行政法律责任，违反党规党纪的，按照《监察法》有关规定进行处理。

二、财政、审计等部门对于围屋保护资金的使用情况监督

财政部门和审计部门要加强和创新围屋保护经费管理，是通过财政预算与审计等职能实现的。审计部门应当按照审计职责，在围屋保护资金使用时严格、严密审计。根据《审计法》第二十四条规定："审计机关对国有资源、国有资产，进行审计监督。审计机关对政府部门管理的和其他单位受政府委托管理的社会保险基金、全国社会保障基金、社会捐赠资金以及其他公共资金的财务收支，进行审计监督。"基于客家围屋保护资金源于财政拨款与本级财政预算，属于法律所规定的审计范围，应当对其使用情况予以审计监督。

财政部门在对围屋保护资金的使用情况进行监督检查，主要应把握以下几个关键点：

（1）严格预算执行。财政部门在制定年度预算编制时，要严格执行财政批复的年度预算，在执行过程中把握预算执行的均衡性，认真完成预算支出任务。

(2) 严格财务核算。财政部门要加强财务管理，配备财会专业人员担任会计、出纳，进一步完善财务规章制度，规范财务核算，依法管理财务收支。

(3) 严格资金用途。在对客家围屋保护资金的使用过程中，文物主管部门应当按照财政预算安排的资金用途，坚持专款专用的原则，用好专项资金，严禁挤占、挪用围屋保护专项经费。

第五章 法律责任

【本章为法律责任部分，共六条，分别界定了客家围屋保护行政机关及其工作人员违法情形及承担的法律责任，规定了损坏、损毁客家围屋的罚则，并对客家围屋的保护范围、污染环境及设置处理罚则作出了具体规定。本章是对客家围屋保护法律责任的具体说明。】

第四十条【破坏赣南客家围屋的处罚】

违反本条例规定，破坏已公布为不可移动文物的赣南客家围屋，有下列行为之一，尚不构成犯罪的，由县级以上人民政府文物主管部门责令改正，造成严重后果的，处五万元以上五十万元以下罚款：

（一）擅自在赣南客家围屋的保护范围内进行建设工程或者爆破、钻探、挖掘等作业的；

（二）在赣南客家围屋的建设控制地带内进行建设工程，其工程设计方案未经文物主管部门同意，未报自然资源、住房和城乡建设主管部门批准，对赣南客家围屋的历史风貌造成破坏的；

（三）擅自迁移、拆除赣南客家围屋的；

（四）擅自修缮或者未按照经批准的方案实施修缮赣南客家围屋，明显改变原状的。

第五章　法律责任

破坏第二类、第三类中未公布为不可移动文物的赣南客家围屋，有前款行为之一，尚不构成犯罪的，由县级人民政府文物主管部门责令改正，造成严重后果的，处一万元以上五万元以下罚款。

【条文释义】

本《条例》在前述条款规定了行为模式，也有必要确定相应的法律后果。本条款意在确定本条例第二章（保护名录）与第三章（保护利用）中，对涉及违反保护范围、建筑控制地带、原址保护、维护修缮不经批准等损坏客家围屋的行为（尚不构成犯罪）进行处罚。通过法律规范设立罚款等处罚，通过惩戒预防并减少人为损坏围屋的行为。

一、关于对相关行为进行责任追究

根据《文物保护法》和《条例》规定，为了提高赣南客家围屋保护工作水平，本条明确规定了要对以下四类违反《条例》规定、擅自行为，造成围屋损害或破坏围屋主体结构及历史风貌的行为进行责任追究。

（一）擅自在赣南客家围屋的保护范围内进行建设工程或者爆破、钻探、挖掘等作业的行为

钻孔爆破法指通过钻孔、装药、爆破开挖岩石的方法，简称钻爆法。擅自在客家围屋的保护范围内兴建建设工程或者采取爆破、钻探、挖掘等作业的行为，会造成对围屋的历史风貌及主体结构的破坏，应当被追究法律责任。在围屋的保护范围内进行这些作业，不仅违反《文物保护法》与《条例》规定，还可能导致建筑结构变化和结构危害，给围屋及其周边环境造成不可逆转的破坏。并

且，擅自在客家围屋的保护范围内进行建设工程或者爆破、钻探、挖掘等作业的违反《条例》第四十条故需要进行责任追究，以规避此类行为的发生。

（二）在赣南客家围屋的建设控制地带内进行建设工程，其工程设计方案未经文物主管部门同意，未报城乡规划、城乡建设部门批准，对客家围屋的历史风貌造成破坏的行为

这类行为是指在客家围屋的建设控制地带内进行建设工程，建设控制地带是指在文物保护单位的保护范围外，为保护文物保护单位的安全、环境、历史风貌对建设项目加以限制的区域。在该区域内的工程设计方案未经文物主管部门的同意，也未报城乡规划、城乡建设部门的批准，从而破坏了客家围屋的历史风貌，不利于围屋的价值保存和长久保护，因此对这类行为也要进行相应的责任追究。

（三）擅自迁移、拆除赣南客家围屋的行为

依据本条例第十七条规定："赣南客家围屋实施原址保护，任何单位和个人不得损坏或者擅自迁移、拆除。"这类行为是指擅自将列入保护名录的客家围屋迁移、拆除或者损坏，将客家围屋迁移、拆除或者损害列入保护名录的客家围屋，与《条例》第十七条客家围屋实施原址保护的规定不相符合。并且，在实际操作层面上，擅自迁移不仅会对围屋原在地产生一定的影响，对迁移地也会产生不确定的影响。由于客家围屋是与其周围环境及迁移或拆除后，客家围屋原有的历史风貌与传统底蕴也不复存在，围屋的文物保护价值与历史文化价值也将大幅受损。因此，对此类行为要进行责任追究。为了实现《条例》第十七条的规范目的和原址保护的内在价值，赣南客家围屋实施原址保护，任何单位和个人不得损坏或者擅自迁移、拆除。因此，本条例将擅自迁移、拆除或损坏列入保

第五章　法律责任

护名录的客家围屋的行为以罚款的方式规定罚则。

（四）擅自修缮或者未按照经批准的方案实施修缮赣南客家围屋，明显改变原状的行为

破坏第二类、第三类中未公布为不可移动文物的赣南客家围屋，有前款行为之一，尚不构成犯罪的，由县级人民政府文物主管部门责令改正，造成严重后果的，处一万元以上五万元以下罚款。

这类行为有两种：一是擅自修缮的行为；二是未按照经批准的方案修缮的行为。并且，对于擅自修缮或未经批准方案修缮客家围屋的行为，还要求造成明显改变原状的后果。根据本条例第二十四条对客家围屋维护修缮的原则的规定："对纳入保护名录的赣南客家围屋进行维护修缮，应当遵循不改变原状的原则，保持原有传统格局和历史风貌，不得改变主体结构，并符合下列要求：（一）属于第一类赣南客家围屋的，应当由依法取得相应文物保护工程资质证书的单位进行设计、修缮；（二）属于第二类赣南客家围屋的，可以对建筑内部进行适当的、可逆的改造；（三）属于第三类赣南客家围屋的，可以进行适当的基础设施改造，添加必要的生活设备和设施。"

因此，根据围屋等级的不同，具体的擅自修缮或未按照经批准的方案修缮客家围屋的认定与处罚也有所不同。

在违法行为认定上，依据《文物保护法》第六十六条规定，有下列行为之一，尚不构成犯罪的，由县级以上人民政府文物主管部门责令改正，造成严重后果的，处五万元以上五十万元以下的罚款；情节严重的，由原发证机关吊销资质证书。对第一类客家围屋的擅自修缮或未按照经批准的方案修缮客家围屋的，依据《条例》处理对第二类、第三类客家围屋，允许其内部进行适当可逆的改

· 123 ·

造，尤其是对第三类客家围屋，甚至允许适当的基础设施改造并添加生活设备与设施。在这些改造中，即使是擅自修缮或未经由批准，只要其修缮行为保持原有传统格局和历史风貌，不改变主体结构，即不适用本条款对相对人进行处罚。

在处罚数额认定上，依据本条款规定：破坏第二类、第三类中未公布为不可移动文物的赣南客家围屋，有前款行为之一，尚不构成犯罪的，由县级人民政府文物主管部门责令改正，造成严重后果的，处一万元以上五万元以下罚款。

二、关于责任追究的主体

任何责任追究都有主体，主体就是谁能够对上述需要被追究责任的行为进行追究的处罚。责任追究主体事关以哪个部门作为执法部门，即本条例将围屋保护的处罚权赋予哪个部门的问题。本条例中，针对客家围屋保护工作中的责任追究的主体，是县级以上人民政府文物主管部门。

依据本条款规定："违反本条例规定，破坏已公布为不可移动文物的赣南客家围屋，有下列行为之一，尚不构成犯罪的，由县级以上人民政府文物主管部门责令改正，造成严重后果的，处五万元以上五十万元以下罚款……"因此，本条款所规定的主管部门是县级以上人民政府文物主管部门。在具体的行政处罚权上，本市县级以上文物主管部门就可以根据相关规定对作出以上行为的任何个人或单位进行处罚。

三、关于责任追究的方式选择

行政处罚的方式多种多样，罚款是一种经常使用的行政处罚手段，也是一种处罚和制裁手段。在立法权限上，地方性法规的行政处罚权存在一定限制。因此本条例不能设定限制人身自由和降低资质等级、吊销许可证件等种类的行政处罚。另外，罚款是从经济方面对违法者的惩治，希冀发挥潜在的社会震慑与预防作用。只有通过一定的处罚手段，对违反本条例本条款的行为进行处罚，才能减少客家围屋保护范围与建筑控制地带内的脏乱差与非法建筑横行的问题。出于行政处罚种类的限制和处罚的效果考虑，本条例将责任追究的方式选定为罚款。

　　本条款所设定的罚款数额限度，受到上位法的限制。根据《文物保护法》第六十六条规定，对违反该条款的禁止性行为处以五万元以上五十万元以下罚款。本条例作为《文物保护法》的下位法，不得超出上位法的范围，即不能超过上位法罚款的上限范围及下限范围。罚款的形式，是将违法者的部分财产收归公有，但并不是为了创收行为。虽然违法行为在一定程度上通过破坏社会秩序间接导致财产损失。例如，客家围屋的历史风貌与文物价值的流失、后续对破坏的善后工作、对客家围屋的修缮维护等，但是行政机关作为社会事务的管理机关，其职责是监管与服务，缴纳罚款只应是违法者对责任的承担，是违法者应交的，但不是国家应得的。因此，文物主管部门对单位及个人的处罚，是通过罚款而获得的对法定的客家围屋保护秩序的维系。通过对违反本条例强制性规定的罚款处罚并执行，存在以下功能。一是打击违法行为，强制违反本条例规定的违法单位及个人支付经济利益，起到打击作用；二是教育作用，通过本条例的罚则，使违反本条例保护范围及建筑控制地带规定的行为得到矫正与教育，减少再犯可能性；三是预防作用，通过罚款的行使，增大单位和个人的违法风险及成本，预防潜在的违法单位和个人违反本条例规定的行为；四是排除作用，通过重罚使违法者产生信用危机、丧失继续违法的资金,削弱违法者继续违法的能力,使其不能违法。

对违反本条款的单位和个人罚款的适用,还要注意听证程序上的合法。依据《行政处罚法》第六十三条的规定,较大数额的罚款还应告知当事人展开听证的权利。而本款所规定的处以五万元以上的罚款,均属于较大数额的罚款。在第六十三条规定:行政机关作出责令停产停业、吊销许可证或者执照、较大数额罚款等行政处罚决定之前,应当告知当事人有要求举行听证的权利;当事人要求听证的,行政机关应当组织听证。当事人不承担行政机关组织听证的费用。依据《行政处罚法》第六十四条规定,听证依照以下程序组织:(1)当事人要求听证的,应当在行政机关告知后三日内提出;(2)行政机关应当在听证的七日前,通知当事人举行听证的时间、地点;(3)除涉及国家秘密、商业秘密或者个人隐私外,听证公开举行;(4)听证由行政机关指定的非本案调查人员主持;当事人认为主持人与本案有直接利害关系的,有权申请回避;(5)当事人可以亲自参加听证,也可以委托一至二人代理;(6)举行听证时,调查人员提出当事人违法的事实、证据和行政处罚建议;当事人进行申辩和质证;(7)听证应当制作笔录;笔录应当交当事人审核无误后签字或者盖章。并且,对于听证笔录的效力,文物主管机关应当采纳。

第四十一条【在保护范围内实施禁止行为的处罚】

违反本条例规定,在赣南客家围屋的保护范围内,有下列行为之一,造成损害尚不严重的,由县级人民政府文物主管部门或者公安机关给予警告,可以并处五十元以上二百元以下罚款:

第五章　法律责任

（一）刻划、涂污、损坏赣南客家围屋的；

（二）刻划、涂污、损毁、擅自移动赣南客家围屋保护标志的；

（三）损坏赣南客家围屋保护设施的；

（四）毁林开荒、采石、取土的。

【条文释义】

本条款规定："违反本条例规定，在赣南客家围屋的保护范围内，有下列行为之一，造成损害尚不严重的，由县级人民政府文物主管部门或者公安机关给予警告，可以并处五十元以上二百元以下罚款：（一）刻划、涂污、损坏赣南客家围屋的；（二）刻划、涂污、损毁、擅自移动赣南客家围屋保护标志的；（三）损坏赣南客家围屋保护设施的；（四）毁林开荒、采石、取土的。"

该条规定明确了对保护范围内的禁止性行为责任追究的主体是县级以上人民政府文物主管部门。产生责任追究的事由是以下几种禁止性行为的情形：（1）刻划、涂污、损坏赣南客家围屋的；（2）刻划、涂污、损毁、擅自移动赣南客家围屋保护标志的；（3）损坏赣南客家围屋保护设施的；（4）毁林开荒、采石、取土的。责任追究的方式是给予警告，可以并处二百元以下的罚款。

在客家围屋上进行上述禁止性行为会破坏客家围屋的整体性价值，对此类行为进行相应的处罚规定，有利于减少客家围屋的人为损坏，从而更大程度上保护客家围屋的整体性。关于客家围屋禁止行为的处罚有如下相关规定：

（1）关于刻划、涂污、损坏客家围屋的；刻划、涂污、损毁、擅自移动客家围屋保护标志的行为。依据《文物保护法》第六十六条第二款规定："刻划、涂污或者损坏文物尚不严重的，或者损毁依照本法第十五条第一款规定设立的文物保护单位标志的，由公安机关或者文物所在单位给予警告，可以并处罚款。"对属于不可移动文物的客家围屋，可以按照《治安管理处罚法》第六十三条规定，对刻划、涂污、损坏客家围屋的行为进行相应的处罚。根据《治安管理处罚法》第六十三条规定："有下列行为之一的，处警告或者二百元以下罚款；情节较重的，处五日以上十日以下拘留，并处二百元以上五百元以下罚款：（一）刻划、涂污或者以其他方式故意损坏国家保护的文物、名胜古迹的；（二）违反国家规定，在文物保护单位附近进行爆破、挖掘等活动，危及文物安全的。"根据该条规定，刻划、涂污或者以其他方式故意损坏国家保护的文物、名胜古迹的，处警告或者200元以下罚款；情节较重的，处5日以上10日以下拘留，并处200元以上500元以下罚款。但应留意，《治安管理处罚法》的责任主体和处罚机关为公安机关，本条例有权实施行政处罚的机关为文物主管部门。

依据《文物保护法实施条例》第五十七条规定："文物保护法第六十六条第二款规定的罚款，数额为200元以下。"而转介到《文物保护法》第六十六条第二款规定为："刻划、涂污或者损坏文物尚不严重的，或者损毁依照本法第十五条第一款规定设立的文物保护单位标志的，由公安机关或者文物所在单位给予警告，可以并处罚款。"

（2）关于损坏客家围屋保护设施和毁林开荒、采石、取土的行为。根据《江西省文物保护条例》第四十五条规定："违反本条例规定，在文物保护单位的保护范围内，有下列行为之一，造成损害尚不严重的，由公安机关或者文物所在单位给予警告，可以并处二百元以下的罚款：（一）刻划、涂污、损坏文物的；（二）刻划、涂污、损毁、擅自移动文物保护单位标志的；（三）损坏文物保护设施的；（四）毁林开荒、开挖沟渠、采石、取土的。"同时，根据本条例第十九条规定："在第二类、第三类赣南客家围屋的保护范围内，不得从事下列活动：（一）刻划、涂污、损坏赣南客家围屋；（二）刻划、涂污、损毁或者擅自移动赣南客家围屋保护标志；（三）损坏赣南客家围屋保护设施；（四）毁林开荒、采石、取土；（五）建设污染赣南客家围屋及其环境的设施；（六）存放易燃、易爆、易腐蚀等危及赣南客家围屋安全的物品；（七）法律、法规禁止的其他活动。"

因此，本条款在不超越上位法《江西省文物保护条例》第四十五条所规定的罚款范围前提下，对此四类行为可以处以200元以下的罚款。

第四十二条【在保护范围内或控制地带内实施污染设施的处罚】

违反本条例规定，在赣南客家围屋保护范围或者建设控制地带内，建设污染赣南客家围屋及其环境的设施的，由生态环境主管部门依照有关法律、法规的规定给予处罚。

【条文释义】

一、关于客家围屋保护范围与建筑控制地带内的环境污染控制

客家围屋作为不可移动文物，是传承和弘扬优秀传统文化的实物载体。若客家围屋的建筑控制地带和保护范围内存在建设污染赣南客家围屋及其环境的设施，会使其观赏价值大打折扣。客家围屋与其环境是一个整体，不仅要保护客家围屋建筑这一本体，还要保护围屋周边的环境。依据本法第十九条规定的禁止性行为，禁止毁林开荒、采石、取土及建设污染赣南客家围屋及其环境的设施，是为了防止其破坏传统格局和历史风貌，是为了落实第二类、第三类客家围屋的保护范围的规定。同时，还是基于现实情况的考量，由于部分客家围屋及其周边依然有人民群众生活居住，对禁止建设污染围屋及其设施的规定，也是立法工作中以人民为中心的立法表达。结合以上因素，这些禁止性规定，意在实现客家围屋的本体保护和整体性保护的落实。

二、关于生态环境主管部门依照有关法律、法规的规定予以处罚

《文物保护法》第六十七条规定，在文物保护单位的保护范围内或者建设控制地带内建设污染文物保护单位及其环境的设施的，或者对已有的污染文物保护单位及其环境的设施未在规定的期限内完成治理的，由环境保护行政部门依照有关法律、法规的规定给予处罚。依据本条款规定，在赣南客家围屋保护范围或者建设控制地带内，建设污染赣南客家围屋及其环境的设施的，由生态环境主管部门依照有关法律、法规的规定给予处罚。因此，本条款需要依据上位法《文物保护法》的规定，仅对作为文物保护单位的围屋的保护范围和建筑控制地带的污染及其设施给予处罚。对违反本条款的个人和单位的行为进行责任追究的主体是环境保护行政部门。责任追究的事由是在客家围屋保护范围或者建设控制地带内，建设污染客家围屋及其环境的设施；责任追究的方式是依照有关法律、法规的规定给予处罚。

例如，在作为文物保护单位的赣南客家围屋保护范围或者建设控制地带内，建设污染赣南客家围屋及其环境的设施的，可能造成一定范围的土壤污染或水污染。此时，应当依据《土壤污染防治法》第九十四条的规定，由地方人民政府生态环境主管部门对相关造成污染的单位或者个人责令改正、处以罚款，对拒不履行的，还可以委托他人代履行，并对相关人员处以罚款。

第四十三条【行政机关及其工作人员违法行为的处分】

国家机关及其工作人员有下列行为之一的，对直接负责的主管人员和其他直接责任人员依法给予处分；构成犯罪的，依法追究刑事责任：

（一）滥用审批权限、不履行职责或者发现违法行为不予查处，造成严重后果的；

（二）非法侵占国有赣南客家围屋的；

（三）因不负责任造成赣南客家围屋损毁的；

（四）贪污、挪用赣南客家围屋保护资金的；

（五）法律、法规规定的其他违法行为。

【条文释义】

《文物保护法实施条例》第五十四条规定："公安机关、工商行政管理、文物、海关、城乡规划、建设等有关部门及其工作人员，违反本条例规定，滥用审批权限、不履行职责或者发现违法行为不予查处的，对负有责任的主管人员和其他直接责任人员依法给予行政处分；构成犯罪的，依法追究刑事责任。"《江西省文物保护条例》第四十四条规定："文物主管部门、其他有关部门、国有文物保护单位管理机构、国有文物收藏单位违反本条例规定，不履行文物保护和管理职责，或者玩忽职守、滥用职权、徇私舞弊的，对负有责任的主管人员和其他直接责任人员依法给予处分；构成犯罪的，依法追究刑事责任。"

对本条款所规定的五种情形，可认为是对上位法《江西省文物保护条例》第四十四条的细化，即将玩忽职守、滥用职权、徇私舞弊三种抽象化类型具体化。其中，第一种情形与第四种情形是对客家围屋保护过程中滥用职权和徇私舞弊的具体表达；第二种情形是对赣南客家围屋保护中行政机关及其工作人员徇私舞弊的具体表现；第三种情形是对行政机关及其工作人员违法行为的玩忽职守。如果这些违法情形的数额达到了刑法所规定的起刑点，即违法的行为严重程度或款额额度达到了犯罪的标准，则移交检察院或监察机关对其职务犯罪行为进行惩治。

第四十四条【行政处罚的特殊规定】

违反本条例规定的行为，法律、法规另有规定的，适用其规定。

【条文释义】

在以本条例为法律依据进行客家围屋的保护过程中，还应当注意其他法律、法规的相关规定。对违反本条例规定的行为，法律、法规另有规定的，适用其规定的原因是多方面的。其中，最重要的是法的效力位阶问题和特别法高于一般法的问题。

一、法的效力位阶问题

法的效力位阶是指不同国家机关制定的规范性文件在法律渊源体系中所处的效力位置和等级。在法的位阶中处于不同或相同的位置和等级，其效力也是不同或相同的；据此，可以分为上位法、下位法和同位法。

（一）上位法、下位法和同位法的概念

（1）上位法，是指相对于其他规范性文件，在法的位阶中处于较高效力位置和等级的那些规范性文件。

（2）下位法，是指相对于其他规范性文件，在法的位阶中处于较低效力位置和等级的那些规范性文件。

（3）同位法，是指在法的位阶中处于同一效力位置和等级的那些规范性文件。

（二）法的位阶问题

我国《立法法》根据法的效力原理规定了法的位阶问题，详细规定了属于不同位阶的上位法与下位法和属于同一位阶的同位法之间的效力关系。即下位法不得与上位法的规定相抵触；同位法之间具有同等效力，在各自的权限范围内施行。2015年《立法法》第八十七条规定："宪法具有最高的法律效力，一切法律、行政法规、地方性法规、自治条例和单行条例、规章都不得同宪法相抵触。"2015年《立法法》第八十八条规定："法律的效力高于行政法规、地方性法规、规章。行政法规的效力高于地方性法规、规章。"2015年《立法法》第八十九条规定："地方性法规的效力高于本级和下级地方政府规章。省、自治区的人民政府制定的规章的效力高于本行政区域内的设区的市、自治州的人民政府制定的规章。"可见，这些法律渊源之间属于上位法和下位法的关系。

2015年《立法法》第九十一条规定："部门规章之间、部门规章与地方政府规章之间具有同等效力，在各自的权限范围内施行。"也就是说，这些法律渊源之间属于同位法的关系。

二、一般法与特别法、新法与旧法的效力

在一般法和特别法的效力问题方面，法理上适用的是"特别法

优于一般法"的原则。在新法和旧法的效力问题方面，法理上适用的是"新法优于旧法"的原则。

我国《立法法》根据法的效力原理和法理的原则，具体规定了一般法和特别法、新法和旧法的效力关系。2015年《立法法》第九十二条规定："同一机关制定的法律、行政法规、地方性法规、自治条例和单行条例、规章，特别规定与一般规定不一致的，适用特别规定；新的规定与旧的规定不一致的，适用新的规定。"

对于由同一机关制定的各种规范性文件，优先适用特别规定而不是一般规定，是因为一般规定是对普遍的、通常的问题进行规定的，而特别规定是对具体的特定的问题进行规定的，有明确的针对性，所以当它们处于同一位阶时，当然应当优先适用特别法。对于由同一机关制定的各种规范性文件，优先适用新的规定而不是旧的规定，是因为当同一机关就同一问题进行了新的规定，也就意味着对旧的规定进行了修改或补充，当然应当适用新法。

三、法的效力的裁决

《立法法》还对各种规范性文件之间出现不一致，不能确定如何适用时，规定了效力的裁决程序。2015年《立法法》第九十四条规定："法律之间对同一事项的新的一般规定与旧的特别规定不一致，不能确定如何适用时，由全国人民代表大会常务委员会裁决。行政法规之间对同一事项的新的一般规定与旧的特别规定不一致，不能确定如何适用时，由国务院裁决。"

2015年《立法法》第九十五条规定："地方性法规、规章之间不一致时，由有关机关依照下列规定的权限作出裁决：（一）同一机关制定的新的一般规定与旧的特别规定不一致时，由制定机关裁决；（二）地方性法规与部门规章之间对同一事项的规定不一致，不能确定如何适用时，由国务院提出意见，国务院认为应当适用地方性法规的，应当决定在该地方适用地方性法规的规定；认为应当适用部门规章的，应当提请全国人民代表大会常务委员会裁决；（三）部门规章之间、部门规章与地方政府规章之间对同一事项的规定不一致时，由国务院裁决。根据授权制定的法规与法律规定不一致，不能确定如何适用时，由全国人民代表大会常务委员会裁决。"如果本条例与相关的规章或部门规章存在冲突，不免在适用时产生混乱。此时，应当选用以上规定进行效力裁决。

由于《赣南客家围屋保护条例》的效力等级为地方性法规，在效力位阶上低于法律与行政法规，以及本省省级人民代表大会及其常委会所制定的地方性法规。因此，依据法的效力等级，在实施本条例的时候应当遵循以下原则：

（1）违反本条例的行为，但没有规定相应的法律责任的，适用上位法文物保护相关的法律及行政法规的规定。

（2）对于违反本条例的行为，法律和法规已有规定，但本条例对上位法规定在其范围内对其内容细化的，此时适用本条例的规定，不再适用上位法的法律及行政法规的规定。

（3）对于违反本《条例》的行为，法律及行政法规及省级地方性法规另有规定的。即使本《条例》有规定，但与法律、行政法规及省级地方性法规有所不同的，适用相应的法律、行政法规及地方性法规。

第六章 附 则

第四十五条【生效日期】

本条例自 2019 年 3 月 1 日起施行。

【条文释义】

一、关于本条例的颁布时间

2015 年《立法法》第五十七条规定："法律应当明确规定施行日期。"第五十八条规定："签署公布法律的主席令载明该法律的制定机关、通过和施行日期……"颁布时间，是指该部法律、法规已被国家立法机关经过立法程序通过、确认、认可，并向社会公布的时间，此时还未正式施行，即还未正式生效。实施时间，是指该法律、法规开始生效的时间。实施后，一切社会活动要接受该法律、法规的约束，违反将承担相应的法律责任。

颁布日期与实施日期之间大多有一个过渡期间，用于社会大众接受了解相关规定，并根据规定对相关行为做相应调整，以符合法律、法规要求。

二、关于本条例的生效时间

法律通过后，必然面对从什么时候开始生效、在什么地域范围内生效、对什么人生效的问题，它关系到公民、法人和社会组织从何时起开始依法享有权利，并履行法律规定的义务，这就是法律的效力范围，它包括时间效力、空间效力和对人的效力三方面。本条关于法律的生效日期的规定，是解决法律的时间效力问题。

法律的生效日期，是指法律开始实施并发生法律效力的日期。这是任何一部法律不可缺少的基本要素，一般都是在法律的最后一条加以规定。法律施行起始日期，一般根据该部法律在施行前是否需要作必要的准备工作确定，取决于这部法律对生效日期是如何进行规定的。从我国已制定的法律来看，对生效日期的规定，大体可以分为以下三种情况：其一，直接在法律中规定"本法××××年××月××日起施行"。其二，在法律条文中没有直接规定具体的生效日期，而只是规定"本法自公布之日起施行"。其三，规定一部法律的生效日期取决于另一部法律的生效日期。《条例》的生效日期，是属于上述的第一种情况，即直接规定了"本条例自2019年3月1日起施行"。

明确法律的生效时间，其功能在于落实"法不溯及既往"的法治原则，维护法律制度或法律关系的安定性。"法不溯及既往"，这是法治国家的基本原则。根据这一原则，法律的规定只适用于法律生效之后实施的行为，原则上不能追溯至法律生效之前的行为。换言之，在法律尚未生效之前的行为，不应在法律规制范围之内，否则，将意味着国家对行为人行为的评价缺少明确的标准，行为人对实施行为亦无法提供稳定的预期，整个法律秩序将处于不稳定的状态。不过，"法不溯及既往"原则并非法律适用的"铁律"，仍存在一定的例外情况。由于我国尚未制定统一的行政程序法，有关"法不溯及既往"原则的例外情形，主要规定在2015年《立法法》

第九十三条："法律、行政法规、地方性法规、自治条例和单行条例、规章不溯及既往，但为了更好地保护公民、法人和其他组织的权利和利益而作的特别规定除外。"因此，如果法律对更好地保护公民、法人和其他组织的权利和利益作出了特别规定的，可以排除"法不溯及既往"原则的适用。

三、关于本条例的效力

本条例属于赣州市地方性法规，按照属地原则，只要在赣州市行政区域之内的单位和个人都应当遵守，而不论其国籍是本国人、外国人或组织形式。只要单位和个人的行为涉及客家围屋的保护或利用，应当一概适用本条例的规定。按照属人原则，凡是同本行政区域具有隶属关系的公民、法人和其他组织，不论其活动在本行政区域与否，均适用该地方性法规；本条例的空间效力范围以赣州市行政区管辖范围为准，时间效力以本条款所规定本条例颁布之日生效，即2019年3月1日起正式生效。

赣南客家围屋保护条例

（2018年11月6日赣州市第五届人民代表大会常务委员会第十六次会议通过 2018年11月29日江西省第十三届人民代表大会常务委员会第九次会议批准 根据2019年12月31日赣州市第五届人民代表大会常务委员会第二十五次会议通过 2020年3月27日江西省第十三届人民代表大会常务委员会第十九次会议批准《关于修改〈赣州市城市管理条例〉等3件地方性法规的决定》修正）

目录

第一章　总则
第二章　保护名录
第三章　保护利用
第四章　资金保障
第五章　法律责任
第六章　附则

第一章　总则

第一条　为了加强对赣南客家围屋的保护，传承客家优秀历史文化遗产，根据《中华人民共和国文物保护法》《中华人民共和国非物质文化遗产法》《江西省文物保护条例》等有关法律、法规的规定，结合本市实际，制定本条例。

第二条　本市行政区域内赣南客家围屋的保护与利用，适用本条例。

本条例所称赣南客家围屋，是指历史上赣南居民为聚族而居建设的四面围合、有防御性设施的民居。

第三条　赣南客家围屋的保护应当贯彻保护为主、抢救第一、合理利用、加强管理的方针，维护其真实性、完整性和可持续性，实现保护、利用与传承相协调。

第四条　市、县级人民政府负责本行政区域内赣南客家围屋的保护工作，将赣南客家围屋保护纳入国民经济和社会发展规划，建立赣南客家围屋保护工作责任制和联动机制，统筹做好城乡建设发展中赣南客家围屋保护工作。

市、县级人民政府文物主管部门对本行政区域内的赣南客家围屋保护实施监督管理。

发展改革、自然资源、住房和城乡建设、财政、农业农村、交通运输、生态环境、公安、应急管理等部门应当按照各自职责，做好赣南客家围屋保护的相关工作。

第五条　乡（镇）人民政府、街道办事处负责本行政区域内赣

南客家围屋的保护工作,履行以下职责:

(一)配合做好赣南客家围屋保护发展规划的编制;

(二)加强赣南客家围屋周边环境整治;

(三)协助落实赣南客家围屋灾害、白蚁防治责任和措施;

(四)指导、督促赣南客家围屋所有人、使用人或者管理人合理使用赣南客家围屋,依法制止违反赣南客家围屋保护规定的行为;

(五)指导、督促村(居)民委员会开展赣南客家围屋保护工作。

第六条　赣南客家围屋所在地的村(居)民委员会具体做好以下工作:

(一)协助做好赣南客家围屋保护发展规划的编制;

(二)配合做好赣南客家围屋保护的宣传工作;

(三)协助开展赣南客家围屋的灾害、白蚁防治工作;

(四)制定村规民约,规范村(居)民保护利用赣南客家围屋的行为;

(五)劝阻、制止、报告违反赣南客家围屋保护规定的行为。

第七条　市人民政府成立赣南客家围屋保护专家委员会。

赣南客家围屋保护专家委员会由文化、文物、考古、历史、规划、旅游、建筑、土地、社会、经济和法律等领域专家组成,负责赣南客家围屋保护利用的咨询、指导、评估相关工作,日常工作由市人民政府文物主管部门负责。

第八条　市、县级人民政府应当加强赣南客家围屋保护的研究、宣传、教育工作,通过开展客家优秀传统文化研究、编印出版物、展览、媒体宣传、民俗活动等形式,弘扬客家优秀传统文化,提高全社会保护赣南客家围屋的意识。

第九条 市、县级人民政府对在赣南客家围屋保护工作中做出突出贡献的单位和个人，可以按照有关规定给予表彰、奖励。

第二章 保护名录

第十条 市人民政府应当按照下列标准建立赣南客家围屋保护名录，实施分类保护：

（一）第一类：核定公布为文物保护单位的赣南客家围屋；

（二）第二类：尚未核定公布为文物保护单位，具有突出历史、艺术、科学、文化或者社会价值，且符合以下情形之一的赣南客家围屋：

1. 建筑形制完整，现状保存较好的；

2. 建筑样式、施工工艺或者工程技术具有建筑艺术特色和科学研究价值，建筑格局比较完整，现状保存较好的；

3. 著名人物居住、活动或者重大历史事件发生地的；

4. 位于文物保护单位或者旅游景区周边，格局基本完整，作为与文物保护单位或者旅游景区相关环境要素的，或者成群成片的；

5. 与非物质文化遗产保护和传承直接相关的。

（三）第三类：除第一类、第二类外，其他具有较高历史、艺术、科学、文化或者社会价值的赣南客家围屋。

第十一条 已公布为文物保护单位的赣南客家围屋直接纳入第一类赣南客家围屋保护名录，无须申报。

申报第二类、第三类赣南客家围屋保护名录的，由所在地县级人民政府提出申请，经市人民政府文物主管部门组织赣南客家围屋保护专家委员会提出评估意见后,报市人民政府批准。赣南客家围屋保护名录批准后,市人民政府应当自批准之日起二十日内向社会公布。

县级人民政府申报第二类、第三类赣南客家围屋保护名录前,应当组织县级人民政府文物主管部门和专家进行论证,并征求乡(镇)人民政府、街道办事处、村(居)民委员会以及赣南客家围屋所有人、使用人的意见。

赣南客家围屋评估指标体系,由市人民政府文物主管部门制定。

第十二条 申报第二类、第三类赣南客家围屋保护名录,应当提交下列材料:

(一)赣南客家围屋的历史沿革和历史文化艺术等价值的说明;

(二)赣南客家围屋建筑格局和历史风貌的现状;

(三)赣南客家围屋的权属状况;

(四)赣南客家围屋的构成清单、照片、图纸;

(五)县级人民政府文物主管部门的意见。

第十三条 市人民政府文物主管部门发现有保护价值的赣南客家围屋未申报的,应当告知县级人民政府进行申报。县级人民政府应当根据市级人民政府文物主管部门的意见及时组织申报。

任何单位或者个人认为赣南客家围屋有保护价值应当纳入保护名录,可以向当地文物主管部门提出保护意见,并提供相关依据。

第十四条 纳入保护名录的赣南客家围屋,需要调整保护类别的,应当按照程序进行申请、评估、批准、公布。

第十五条 第一类赣南客家围屋应当依照法律、法规的规定划定保护范围、建设控制地带。

县级人民政府应当划定第二类赣南客家围屋的保护范围和建设控制地带，划定第三类赣南客家围屋的保护范围，报市人民政府批准和公布。

市人民政府对纳入保护名录的赣南客家围屋，应当设立统一的保护标志。

县级人民政府对纳入保护名录的赣南客家围屋应当建立记录档案，并报市人民政府文物主管部门备案。

第三章　保护利用

第十六条　赣南客家围屋保护名录自公布之日起一年内，所在地县级人民政府应当组织文物、自然资源等有关部门编制赣南客家围屋保护发展规划，报市人民政府批准并向社会公布。

第十七条　赣南客家围屋实施原址保护，任何单位和个人不得损坏或者擅自迁移、拆除。

在纳入保护名录的赣南客家围屋的保护范围内，不得进行其他建设工程或者爆破、钻探、挖掘等作业。但是，因特殊情况需要在保护范围内进行其他建设工程或者爆破、钻探、挖掘等作业的，必须保证赣南客家围屋的安全，在第一类赣南客家围屋的保护范围内，应当依照文物保护有关法律、法规的规定报批；在第二类、第三类赣南客家围屋的保护范围内，应当报所在地县级人民政府批准，批准前应当征得市人民政府文物主管部门同意。

在纳入保护名录的赣南客家围屋的建设控制地带内进行工程建设，不得破坏赣南客家围屋的历史风貌。在第一类赣南客家围屋建设控制地带内的工程设计方案，应当依照文物保护有关法律、法规的规定报批；在第二类赣南客家围屋建设控制地带内的工程设计方案，应当经县级人民政府文物主管部门同意后，报县级人民政府自然资源主管部门批准，并由县级人民政府文物主管部门报市人民政府文物主管部门备案。

编制城乡规划和实施土地征收、房屋拆迁涉及赣南客家围屋的，应当征求县级人民政府文物主管部门的意见。

第十八条 第一类赣南客家围屋的保护范围和建设控制地带依照文物保护有关法律、法规的规定进行管理。

第十九条 在第二类、第三类赣南客家围屋的保护范围内，不得从事下列活动：

（一）刻划、涂污、损坏赣南客家围屋；

（二）刻划、涂污、损毁或者擅自移动赣南客家围屋保护标志；

（三）损坏赣南客家围屋保护设施；

（四）毁林开荒、采石、取土；

（五）建设污染赣南客家围屋及其环境的设施；

（六）存放易燃、易爆、易腐蚀等危及赣南客家围屋安全的物品；

（七）法律、法规禁止的其他活动。

第二十条 在第二类赣南客家围屋的建设控制地带内，不得从事第十九条第五项、第六项以及其他可能影响赣南客家围屋安全及其环境的活动。

第二十一条 赣南客家围屋所有权受法律保护。赣南客家围屋所有人可以与其他社会资本共同参与赣南客家围屋的保护利用，并依法享有收益权。

鼓励赣南客家围屋所有人依法成立保护组织，或者委托有条件的村（居）民委员会，代表所有人进行日常管理。

第二十二条　县级人民政府文物主管部门应当与赣南客家围屋所有人、使用人或者管理人签订保护责任书，依法明确所有人、使用人或者管理人对赣南客家围屋保护的权利义务。

赣南客家围屋的所有人、使用人或者管理人发生变更的，应当重新签订保护责任书。

第二十三条　纳入保护名录的国有赣南客家围屋由使用人负责维护和修缮；非国有赣南客家围屋由所有人负责维护和修缮，所有人、使用人、管理人另有约定的，从其约定；所有权不明的，由县级人民政府负责。

纳入保护名录的赣南客家围屋有损毁危险，所有人不具备修缮能力的，县级人民政府应当给予帮助。所有人具备修缮能力而拒不依法履行修缮义务的，市、县级人民政府可以给予抢救修缮，所需费用由所有人负担。

第二十四条　对纳入保护名录的赣南客家围屋进行维护修缮，应当遵循不改变原状的原则，保持原有传统格局和历史风貌，不得改变主体结构，并符合下列要求：

（一）属于第一类赣南客家围屋的，应当由依法取得相应文物保护工程资质证书的单位进行设计、修缮；

（二）属于第二类赣南客家围屋的，可以对建筑内部进行适当的、可逆的改造；

（三）属于第三类赣南客家围屋的，可以进行适当的基础设施改造，添加必要的生活设备和设施。

第二十五条　对第一类赣南客家围屋进行修缮，应当根据文物保护单位的级别报相应的文物主管部门批准；对第二类、第三类赣南客家围屋进行修缮，应当报所在地的县级人民政府文物主管部门批准，批准前应当征求赣南客家围屋所有人、使用人、管理人的意见。

第二十六条 赣南客家围屋所有人、使用人或者管理人对赣南客家围屋进行维护修缮时，县级人民政府文物主管部门应当提供信息和技术指导。

第二十七条 县级和乡（镇）人民政府、街道办事处应当加强赣南客家围屋的安全防范、公共消防设施建设，建立赣南客家围屋业余巡查保护队伍，赣南客家围屋所有人、使用人、管理人应当落实安全、消防措施。

对距离消防救援队较远，且被列为全国重点文物保护单位的赣南客家围屋群，其管理单位应当依法建立专职消防救援队。

鼓励村（居）民委员会成员参与赣南客家围屋的业余巡查工作。

第二十八条 各级人民政府应当加强赣南客家围屋所在地的基础设施建设，完善道路、供水、排水、排污、电力、通信、垃圾收集等生活服务设施，优化生态环境。

第二十九条 各级人民政府应当传承、弘扬与赣南客家围屋相依存的民俗风情、民间艺术等非物质文化遗产；培训赣南客家围屋建筑工匠，培育和引进赣南客家围屋建筑保护专业人才。

第三十条 赣南客家围屋的保护性利用应当与其历史、艺术、科学、文化和社会价值，以及内部结构相适应，可以依法开设博物馆、陈列馆、纪念馆、非物质文化遗产传习展示场所、研习基地和传统作坊、传统商铺、民宿等，但是不得擅自改变赣南客家围屋主体结构和外观，不得危害赣南客家围屋及其附属设施的安全。

第三十一条 市、县级人民政府应当将赣南客家围屋的保护与利用纳入本级旅游规划。

赣南客家围屋所在地集体经济组织可以利用赣南客家围屋、自然资源发展文化旅游、乡村旅游，鼓励当地村（居）民从事旅游经营等相关活动，明确当地村（居）民合法权益的保障措施。

第三十二条 赣南客家围屋作为旅游景区的，景区经营者应当根据自愿原则与赣南客家围屋所有人订立合同，约定收益分成、保护措施、禁止行为等内容，并从旅游收入中提取一定的比例用于赣南客家围屋保护。

第三十三条 纳入保护名录的赣南客家围屋进行旅游和商业项目开发的，赣南客家围屋所在地县级人民政府应当对开发类项目进行可行性论证，对开发条件不成熟的，应当先予保护、禁止开发；已经实施开发的，应当加强保护，严格控制开发力度。

第三十四条 鼓励建立赣南客家围屋民间保护组织，吸引社会力量参与赣南客家围屋的修缮、认领、展示利用、看护巡查、文化创意、志愿服务等保护利用工作。

第三十五条 市、县级人民政府文物主管部门应当对纳入保护名录的赣南客家围屋进行监督检查，对发现的问题应当及时纠正、处理。

第四章 资金保障

第三十六条 市人民政府应当为纳入保护名录的赣南客家围屋保护提供奖补资金。县级人民政府应当根据本地实际安排赣南客家围屋保护资金，列入本级财政预算，用于赣南客家围屋保护发展规划编制、维修设计、维护修缮的补助等。

市、县级人民政府给予维护修缮奖补的,应当与赣南客家围屋所有人、使用人、管理人约定双方权利义务。

第三十七条 鼓励依法设立赣南客家围屋保护社会基金。赣南客家围屋保护社会基金可以通过政府投入、社会各界及海外捐赠、国际组织提供的保护经费等多渠道筹集。赣南客家围屋保护社会基金应当依法筹集、管理和使用,并接受社会监督。

第三十八条 鼓励社会资金参与赣南客家围屋保护,单位和个人依照法律、法规的规定对赣南客家围屋的保护进行公益性捐赠的,依法享受税收方面的优惠。

第三十九条 任何单位和个人不得违反法律、法规的规定使用赣南客家围屋保护资金。

财政、审计等部门应当按照各自职责,对政府投入资金的使用情况进行监督检查。

第五章 法律责任

第四十条 违反本条例规定,破坏已公布为不可移动文物的赣南客家围屋,有下列行为之一,尚不构成犯罪的,由县级以上人民政府文物主管部门责令改正,造成严重后果的,处五万元以上五十万元以下罚款:

(一)擅自在赣南客家围屋的保护范围内进行建设工程或者爆破、钻探、挖掘等作业的;

(二)在赣南客家围屋的建设控制地带内进行建设工程,其工程设计方案未经文物主管部门同意,未报自然资源、住房和城乡建设主管部门批准,对赣南客家围屋的历史风貌造成破坏的;

（三）擅自迁移、拆除赣南客家围屋的；

（四）擅自修缮或者未按照经批准的方案实施修缮赣南客家围屋，明显改变原状的。

破坏第二类、第三类中未公布为不可移动文物的赣南客家围屋，有前款行为之一，尚不构成犯罪的，由县级人民政府文物主管部门责令改正，造成严重后果的，处一万元以上五万元以下罚款。

第四十一条　违反本条例规定，在赣南客家围屋的保护范围内，有下列行为之一，造成损害尚不严重的，由县级人民政府文物主管部门或者公安机关给予警告，可以并处五十元以上二百元以下罚款：

（一）刻划、涂污、损坏赣南客家围屋的；

（二）刻划、涂污、损毁、擅自移动赣南客家围屋保护标志的；

（三）损坏赣南客家围屋保护设施的；

（四）毁林开荒、采石、取土的。

第四十二条　违反本条例规定，在赣南客家围屋保护范围或者建设控制地带内，建设污染赣南客家围屋及其环境的设施的，由生态环境主管部门依照有关法律、法规的规定给予处罚。

第四十三条　国家机关及其工作人员有下列行为之一的，对直接负责的主管人员和其他直接责任人员依法给予处分；构成犯罪的，依法追究刑事责任：

（一）滥用审批权限、不履行职责或者发现违法行为不予查处，造成严重后果的；

（二）非法侵占国有赣南客家围屋的；

（三）因不负责任造成赣南客家围屋损毁的；

（四）贪污、挪用赣南客家围屋保护资金的；

（五）法律、法规规定的其他违法行为。

第四十四条 违反本条例规定的行为，法律、法规另有规定的，适用其规定。

第六章　附则

第四十五条 本条例自 2019 年 3 月 1 日起施行。

附　录

附录一　中华人民共和国文物保护法

（1982年11月19日第五届全国人民代表大会常务委员会第二十五次会议通过　根据1991年6月29日第七届全国人民代表大会常务委员会第二十次会议《关于修改〈中华人民共和国文物保护法〉第三十条、第三十一条的决定》第一次修正　根据2002年10月28日第九届全国人民代表大会常务委员会第三十次会议修订　根据2007年12月29日第十届全国人民代表大会常务委员会第三十一次会议《关于修改〈中华人民共和国文物保护法〉的决定》第二次修正　根据2013年6月29日第十二届全国人民代表大会常务委员会第三次会议《关于修改〈中华人民共和国文物保护法〉等十二部法律的决定》第三次修正　根据2015年4月24日第十二届全国人民代表大会常务委员会第十四次会议《关于修改〈中华人民共和国文物保护法〉的决定》第四次修正　根据2017年11月4日第十二届全国人民代表大会常务委员会第三十次会议《关于修改〈中华人民共和国会计法〉等十一部法律的决定》第五次修正)

第一章 总则

第一条 为了加强对文物的保护，继承中华民族优秀的历史文化遗产，促进科学研究工作，进行爱国主义和革命传统教育，建设社会主义精神文明和物质文明，根据宪法，制定本法。

第二条 在中华人民共和国境内，下列文物受国家保护：

（一）具有历史、艺术、科学价值的古文化遗址、古墓葬、古建筑、石窟寺和石刻、壁画；

（二）与重大历史事件、革命运动或者著名人物有关的以及具有重要纪念意义、教育意义或者史料价值的近代现代重要史迹、实物、代表性建筑；

（三）历史上各时代珍贵的艺术品、工艺美术品；

（四）历史上各时代重要的文献资料以及具有历史、艺术、科学价值的手稿和图书资料等；

（五）反映历史上各时代、各民族社会制度、社会生产、社会生活的代表性实物。

文物认定的标准和办法由国务院文物行政部门制定，并报国务院批准。

具有科学价值的古脊椎动物化石和古人类化石同文物一样受国家保护。

第三条 古文化遗址、古墓葬、古建筑、石窟寺、石刻、壁画、近代现代重要史迹和代表性建筑等不可移动文物，根据它们的历史、艺术、科学价值，可以分别确定为全国重点文物保护单位，省级文物保护单位，市、县级文物保护单位。

历史上各时代重要实物、艺术品、文献、手稿、图书资料、代表性实物等可移动文物，分为珍贵文物和一般文物；珍贵文物分为一级文物、二级文物、三级文物。

第四条 文物工作贯彻保护为主、抢救第一、合理利用、加强管理的方针。

第五条 中华人民共和国境内地下、内水和领海中遗存的一切文物，属于国家所有。

古文化遗址、古墓葬、石窟寺属于国家所有。国家指定保护的纪念建筑物、古建筑、石刻、壁画、近代现代代表性建筑等不可移动文物，除国家另有规定的以外，属于国家所有。

国有不可移动文物的所有权不因其所依附的土地所有权或者使用权的改变而改变。

下列可移动文物，属于国家所有：

（一）中国境内出土的文物，国家另有规定的除外；

（二）国有文物收藏单位以及其他国家机关、部队和国有企业、事业组织等收藏、保管的文物；

（三）国家征集、购买的文物；

（四）公民、法人和其他组织捐赠给国家的文物；

（五）法律规定属于国家所有的其他文物。

属于国家所有的可移动文物的所有权不因其保管、收藏单位的终止或者变更而改变。

国有文物所有权受法律保护，不容侵犯。

第六条 属于集体所有和私人所有的纪念建筑物、古建筑和祖传文物以及依法取得的其他文物，其所有权受法律保护。文物的所有者必须遵守国家有关文物保护的法律、法规的规定。

第七条 一切机关、组织和个人都有依法保护文物的义务。

第八条 国务院文物行政部门主管全国文物保护工作。

地方各级人民政府负责本行政区域内的文物保护工作。县级以上地方人民政府承担文物保护工作的部门对本行政区域内的文物保护实施监督管理。

县级以上人民政府有关行政部门在各自的职责范围内，负责有关的文物保护工作。

第九条 各级人民政府应当重视文物保护，正确处理经济建设、社会发展与文物保护的关系，确保文物安全。

基本建设、旅游发展必须遵守文物保护工作的方针，其活动不得对文物造成损害。

公安机关、工商行政管理部门、海关、城乡建设规划部门和其他有关国家机关，应当依法认真履行所承担的保护文物的职责，维护文物管理秩序。

第十条 国家发展文物保护事业。县级以上人民政府应当将文物保护事业纳入本级国民经济和社会发展规划，所需经费列入本级财政预算。

国家用于文物保护的财政拨款随着财政收入增长而增加。

国有博物馆、纪念馆、文物保护单位等的事业性收入，专门用于文物保护，任何单位或者个人不得侵占、挪用。

国家鼓励通过捐赠等方式设立文物保护社会基金，专门用于文物保护，任何单位或者个人不得侵占、挪用。

第十一条 文物是不可再生的文化资源。国家加强文物保护的宣传教育，增强全民文物保护的意识，鼓励文物保护的科学研究，提高文物保护的科学技术水平。

第十二条 有下列事迹的单位或者个人，由国家给予精神鼓励或者物质奖励：

（一）认真执行文物保护法律、法规，保护文物成绩显著的；

（二）为保护文物与违法犯罪行为作坚决斗争的；

（三）将个人收藏的重要文物捐献给国家或者为文物保护事业作出捐赠的；

（四）发现文物及时上报或者上交，使文物得到保护的；

（五）在考古发掘工作中作出重大贡献的；

（六）在文物保护科学技术方面有重要发明创造或者其他重要贡献的；

（七）在文物面临破坏危险时，抢救文物有功的；

（八）长期从事文物工作，作出显著成绩的。

第二章　不可移动文物

第十三条　国务院文物行政部门在省级、市、县级文物保护单位中，选择具有重大历史、艺术、科学价值的确定为全国重点文物保护单位，或者直接确定为全国重点文物保护单位，报国务院核定公布。

省级文物保护单位，由省、自治区、直辖市人民政府核定公布，并报国务院备案。

市级和县级文物保护单位，分别由设区的市、自治州和县级人民政府核定公布，并报省、自治区、直辖市人民政府备案。

尚未核定公布为文物保护单位的不可移动文物，由县级人民政府文物行政部门予以登记并公布。

第十四条　保存文物特别丰富并且具有重大历史价值或者革命纪念意义的城市，由国务院核定公布为历史文化名城。

保存文物特别丰富并且具有重大历史价值或者革命纪念意义的城镇、街道、村庄,由省、自治区、直辖市人民政府核定公布为历史文化街区、村镇,并报国务院备案。

历史文化名城和历史文化街区、村镇所在地的县级以上地方人民政府应当组织编制专门的历史文化名城和历史文化街区、村镇保护规划,并纳入城市总体规划。

历史文化名城和历史文化街区、村镇的保护办法,由国务院制定。

第十五条 各级文物保护单位,分别由省、自治区、直辖市人民政府和市、县级人民政府划定必要的保护范围,作出标志说明,建立记录档案,并区别情况分别设置专门机构或者专人负责管理。全国重点文物保护单位的保护范围和记录档案,由省、自治区、直辖市人民政府文物行政部门报国务院文物行政部门备案。

县级以上地方人民政府文物行政部门应当根据不同文物的保护需要,制定文物保护单位和未核定为文物保护单位的不可移动文物的具体保护措施,并公告施行。

第十六条 各级人民政府制定城乡建设规划,应当根据文物保护的需要,事先由城乡建设规划部门会同文物行政部门商定对本行政区域内各级文物保护单位的保护措施,并纳入规划。

第十七条 文物保护单位的保护范围内不得进行其他建设工程或者爆破、钻探、挖掘等作业。但是,因特殊情况需要在文物保护单位的保护范围内进行其他建设工程或者爆破、钻探、挖掘等作业的,必须保证文物保护单位的安全,并经核定公布该文物保护单位的人民政府批准,在批准前应当征得上一级人民政府文物行政部门同意;在全国重点文物保护单位的保护范围内进行其他建设工程或者爆破、钻探、挖掘等作业的，必须经省、自治区、直辖市人民政府批准，在批准前应当征得国务院文物行政部门同意。

第十八条 根据保护文物的实际需要，经省、自治区、直辖市人民政府批准，可以在文物保护单位的周围划出一定的建设控制地带，并予以公布。

在文物保护单位的建设控制地带内进行建设工程，不得破坏文物保护单位的历史风貌；工程设计方案应当根据文物保护单位的级别，经相应的文物行政部门同意后，报城乡建设规划部门批准。

第十九条 在文物保护单位的保护范围和建设控制地带内，不得建设污染文物保护单位及其环境的设施，不得进行可能影响文物保护单位安全及其环境的活动。对已有的污染文物保护单位及其环境的设施，应当限期治理。

第二十条 建设工程选址，应当尽可能避开不可移动文物；因特殊情况不能避开的，对文物保护单位应当尽可能实施原址保护。

实施原址保护的，建设单位应当事先确定保护措施，根据文物保护单位的级别报相应的文物行政部门批准；未经批准的，不得开工建设。

无法实施原址保护，必须迁移异地保护或者拆除的，应当报省、自治区、直辖市人民政府批准；迁移或者拆除省级文物保护单位的，批准前须征得国务院文物行政部门同意。全国重点文物保护单位不得拆除；需要迁移的，须由省、自治区、直辖市人民政府报国务院批准。

依照前款规定拆除的国有不可移动文物中具有收藏价值的壁画、雕塑、建筑构件等，由文物行政部门指定的文物收藏单位收藏。

本条规定的原址保护、迁移、拆除所需费用，由建设单位列入建设工程预算。

第二十一条 国有不可移动文物由使用人负责修缮、保养；非国有不可移动文物由所有人负责修缮、保养。非国有不可移动文物有损毁危险，所有人不具备修缮能力的，当地人民政府应当给予帮助；所有人具备修缮能力而拒不依法履行修缮义务的，县级以上人民政府可以给予抢救修缮，所需费用由所有人负担。

对文物保护单位进行修缮，应当根据文物保护单位的级别报相应的文物行政部门批准；对未核定为文物保护单位的不可移动文物进行修缮，应当报登记的县级人民政府文物行政部门批准。

文物保护单位的修缮、迁移、重建，由取得文物保护工程资质证书的单位承担。

对不可移动文物进行修缮、保养、迁移，必须遵守不改变文物原状的原则。

第二十二条 不可移动文物已经全部毁坏的，应当实施遗址保护，不得在原址重建。但是，因特殊情况需要在原址重建的，由省、自治区、直辖市人民政府文物行政部门报省、自治区、直辖市人民政府批准；全国重点文物保护单位需要在原址重建的，由省、自治区、直辖市人民政府报国务院批准。

第二十三条 核定为文物保护单位的属于国家所有的纪念建筑物或者古建筑，除可以建立博物馆、保管所或者辟为参观游览场所外，作其他用途的，市、县级文物保护单位应当经核定公布该文物保护单位的人民政府文物行政部门征得上一级文物行政部门同意后，报核定公布该文物保护单位的人民政府批准；省级文物保护单位应当经核定公布该文物保护单位的省级人民政府的文物行政部门审核同意后,报该省级人民政府批准;全国重点文物保护单位作其他用途的,应当由省、自治区、直辖市人民政府报国务院批准。国有未核定为文物保护单位的不可移动文物作其他用途的,应当报告县级人民政府文物行政部门。

第二十四条 国有不可移动文物不得转让、抵押。建立博物馆、保管所或者辟为参观游览场所的国有文物保护单位,不得作为企业资产经营。

第二十五条 非国有不可移动文物不得转让、抵押给外国人。

非国有不可移动文物转让、抵押或者改变用途的,应当根据其级别报相应的文物行政部门备案。

第二十六条 使用不可移动文物,必须遵守不改变文物原状的原则,负责保护建筑物及其附属文物的安全,不得损毁、改建、添建或者拆除不可移动文物。

对危害文物保护单位安全、破坏文物保护单位历史风貌的建筑物、构筑物,当地人民政府应当及时调查处理,必要时,对该建筑物、构筑物予以拆迁。

第三章 考古发掘

第二十七条 一切考古发掘工作,必须履行报批手续;从事考古发掘的单位,应当经国务院文物行政部门批准。

地下埋藏的文物,任何单位或者个人都不得私自发掘。

第二十八条 从事考古发掘的单位,为了科学研究进行考古发掘,应当提出发掘计划,报国务院文物行政部门批准;对全国重点文物保护单位的考古发掘计划,应当经国务院文物行政部门审核后报国务院批准。国务院文物行政部门在批准或者审核前,应当征求社会科学研究机构及其他科研机构和有关专家的意见。

第二十九条 进行大型基本建设工程,建设单位应当事先报请省、自治区、直辖市人民政府文物行政部门组织从事考古发掘的单位在工程范围内有可能埋藏文物的地方进行考古调查、勘探。

考古调查、勘探中发现文物的,由省、自治区、直辖市人民政府文物行政部门根据文物保护的要求会同建设单位共同商定保护措施;遇有重要发现的,由省、自治区、直辖市人民政府文物行政部门及时报国务院文物行政部门处理。

第三十条 需要配合建设工程进行的考古发掘工作,应当由省、自治区、直辖市文物行政部门在勘探工作的基础上提出发掘计划,报国务院文物行政部门批准。国务院文物行政部门在批准前,应当征求社会科学研究机构及其他科研机构和有关专家的意见。

确因建设工期紧迫或者有自然破坏危险,对古文化遗址、古墓葬急需进行抢救发掘的,由省、自治区、直辖市人民政府文物行政部门组织发掘,并同时补办审批手续。

第三十一条 凡因进行基本建设和生产建设需要的考古调查、勘探、发掘,所需费用由建设单位列入建设工程预算。

第三十二条 在进行建设工程或者在农业生产中,任何单位或者个人发现文物,应当保护现场,立即报告当地文物行政部门,文物行政部门接到报告后,如无特殊情况,应当在二十四小时内赶赴现场,并在七日内提出处理意见。文物行政部门可以报请当地人民政府通知公安机关协助保护现场;发现重要文物的,应当立即上报国务院文物行政部门,国务院文物行政部门应当在接到报告后十五日内提出处理意见。

依照前款规定发现的文物属于国家所有,任何单位或者个人不得哄抢、私分、藏匿。

第三十三条 非经国务院文物行政部门报国务院特别许可,任何外国人或者外国团体不得在中华人民共和国境内进行考古调查、勘探、发掘。

第三十四条 考古调查、勘探、发掘的结果,应当报告国务院文物行政部门和省、自治区、直辖市人民政府文物行政部门。

考古发掘的文物,应当登记造册,妥善保管,按照国家有关规定移交给由省、自治区、直辖市人民政府文物行政部门或者国务院文物行政部门指定的国有博物馆、图书馆或者其他国有收藏文物的单位收藏。经省、自治区、直辖市人民政府文物行政部门批准,从事考古发掘的单位可以保留少量出土文物作为科研标本。

考古发掘的文物,任何单位或者个人不得侵占。

第三十五条 根据保证文物安全、进行科学研究和充分发挥文物作用的需要,省、自治区、直辖市人民政府文物行政部门经本级人民政府批准,可以调用本行政区域内的出土文物;国务院文物行政部门经国务院批准,可以调用全国的重要出土文物。

第四章 馆藏文物

第三十六条 博物馆、图书馆和其他文物收藏单位对收藏的文物,必须区分文物等级,设置藏品档案,建立严格的管理制度,并报主管的文物行政部门备案。

县级以上地方人民政府文物行政部门应当分别建立本行政区域内的馆藏文物档案;国务院文物行政部门应当建立国家一级文物藏品档案和其主管的国有文物收藏单位馆藏文物档案。

第三十七条 文物收藏单位可以通过下列方式取得文物:

（一）购买；

（二）接受捐赠；

（三）依法交换；

（四）法律、行政法规规定的其他方式。

国有文物收藏单位还可以通过文物行政部门指定保管或者调拨方式取得文物。

第三十八条 文物收藏单位应当根据馆藏文物的保护需要，按照国家有关规定建立、健全管理制度，并报主管的文物行政部门备案。未经批准，任何单位或者个人不得调取馆藏文物。

文物收藏单位的法定代表人对馆藏文物的安全负责。国有文物收藏单位的法定代表人离任时，应当按照馆藏文物档案办理馆藏文物移交手续。

第三十九条 国务院文物行政部门可以调拨全国的国有馆藏文物。省、自治区、直辖市人民政府文物行政部门可以调拨本行政区域内其主管的国有文物收藏单位馆藏文物；调拨国有馆藏一级文物，应当报国务院文物行政部门备案。

国有文物收藏单位可以申请调拨国有馆藏文物。

第四十条 文物收藏单位应当充分发挥馆藏文物的作用，通过举办展览、科学研究等活动，加强对中华民族优秀的历史文化和革命传统的宣传教育。

国有文物收藏单位之间因举办展览、科学研究等需借用馆藏文物的，应当报主管的文物行政部门备案；借用馆藏一级文物的，应当同时报国务院文物行政部门备案。

非国有文物收藏单位和其他单位举办展览需借用国有馆藏文物的，应当报主管的文物行政部门批准；借用国有馆藏一级文物，应当经国务院文物行政部门批准。

文物收藏单位之间借用文物的最长期限不得超过三年。

第四十一条 已经建立馆藏文物档案的国有文物收藏单位,经省、自治区、直辖市人民政府文物行政部门批准,并报国务院文物行政部门备案,其馆藏文物可以在国有文物收藏单位之间交换。

第四十二条 未建立馆藏文物档案的国有文物收藏单位,不得依照本法第四十条、第四十一条的规定处置其馆藏文物。

第四十三条 依法调拨、交换、借用国有馆藏文物,取得文物的文物收藏单位可以对提供文物的文物收藏单位给予合理补偿,具体管理办法由国务院文物行政部门制定。

国有文物收藏单位调拨、交换、出借文物所得的补偿费用,必须用于改善文物的收藏条件和收集新的文物,不得挪作他用;任何单位或者个人不得侵占。

调拨、交换、借用的文物必须严格保管,不得丢失、损毁。

第四十四条 禁止国有文物收藏单位将馆藏文物赠与、出租或者出售给其他单位、个人。

第四十五条 国有文物收藏单位不再收藏的文物的处置办法,由国务院另行制定。

第四十六条 修复馆藏文物,不得改变馆藏文物的原状;复制、拍摄、拓印馆藏文物,不得对馆藏文物造成损害。具体管理办法由国务院制定。

不可移动文物的单体文物的修复、复制、拍摄、拓印,适用前款规定。

第四十七条 博物馆、图书馆和其他收藏文物的单位应当按照国家有关规定配备防火、防盗、防自然损坏的设施,确保馆藏文物的安全。

第四十八条 馆藏一级文物损毁的,应当报国务院文物行政部门核查处理。其他馆藏文物损毁的,应当报省、自治区、直辖市人民政府文物行政部门核查处理;省、自治区、直辖市人民政府文物行政部门应当将核查处理结果报国务院文物行政部门备案。

馆藏文物被盗、被抢或者丢失的,文物收藏单位应当立即向公安机关报案,并同时向主管的文物行政部门报告。

第四十九条 文物行政部门和国有文物收藏单位的工作人员不得借用国有文物,不得非法侵占国有文物。

第五章 民间收藏文物

第五十条 文物收藏单位以外的公民、法人和其他组织可以收藏通过下列方式取得的文物:

(一)依法继承或者接受赠与;

(二)从文物商店购买;

(三)从经营文物拍卖的拍卖企业购买;

(四)公民个人合法所有的文物相互交换或者依法转让;

(五)国家规定的其他合法方式。

文物收藏单位以外的公民、法人和其他组织收藏的前款文物可以依法流通。

第五十一条 公民、法人和其他组织不得买卖下列文物:

(一)国有文物,但是国家允许的除外;

(二)非国有馆藏珍贵文物;

(三)国有不可移动文物中的壁画、雕塑、建筑构件等,但是依法拆除的国有不可移动文物中的壁画、雕塑、建筑构件等不属于本法第二十条第四款规定的应由文物收藏单位收藏的除外；

（四）来源不符合本法第五十条规定的文物。

第五十二条 国家鼓励文物收藏单位以外的公民、法人和其他组织将其收藏的文物捐赠给国有文物收藏单位或者出借给文物收藏单位展览和研究。

国有文物收藏单位应当尊重并按照捐赠人的意愿，对捐赠的文物妥善收藏、保管和展示。

国家禁止出境的文物，不得转让、出租、质押给外国人。

第五十三条 文物商店应当由省、自治区、直辖市人民政府文物行政部门批准设立，依法进行管理。

文物商店不得从事文物拍卖经营活动，不得设立经营文物拍卖的拍卖企业。

第五十四条 依法设立的拍卖企业经营文物拍卖的，应当取得省、自治区、直辖市人民政府文物行政部门颁发的文物拍卖许可证。

经营文物拍卖的拍卖企业不得从事文物购销经营活动，不得设立文物商店。

第五十五条 文物行政部门的工作人员不得举办或者参与举办文物商店或者经营文物拍卖的拍卖企业。

文物收藏单位不得举办或者参与举办文物商店或者经营文物拍卖的拍卖企业。

禁止设立中外合资、中外合作和外商独资的文物商店或者经营文物拍卖的拍卖企业。

除经批准的文物商店、经营文物拍卖的拍卖企业外，其他单位或者个人不得从事文物的商业经营活动。

第五十六条　文物商店不得销售、拍卖企业不得拍卖本法第五十一条规定的文物。

拍卖企业拍卖的文物，在拍卖前应当经省、自治区、直辖市人民政府文物行政部门审核，并报国务院文物行政部门备案。

第五十七条　省、自治区、直辖市人民政府文物行政部门应当建立文物购销、拍卖信息与信用管理系统。文物商店购买、销售文物，拍卖企业拍卖文物，应当按照国家有关规定作出记录，并于销售、拍卖文物后三十日内报省、自治区、直辖市人民政府文物行政部门备案。

拍卖文物时，委托人、买受人要求对其身份保密的，文物行政部门应当为其保密；但是，法律、行政法规另有规定的除外。

第五十八条　文物行政部门在审核拟拍卖的文物时，可以指定国有文物收藏单位优先购买其中的珍贵文物。购买价格由文物收藏单位的代表与文物的委托人协商确定。

第五十九条　银行、冶炼厂、造纸厂以及废旧物资回收单位，应当与当地文物行政部门共同负责拣选掺杂在金银器和废旧物资中的文物。拣选文物除供银行研究所必需的历史货币可以由人民银行留用外，应当移交当地文物行政部门。移交拣选文物，应当给予合理补偿。

第六章　文物出境进境

第六十条　国有文物、非国有文物中的珍贵文物和国家规定禁止出境的其他文物，不得出境；但是依照本法规定出境展览或者因特殊需要经国务院批准出境的除外。

第六十一条　文物出境，应当经国务院文物行政部门指定的文物进出境审核机构审核。经审核允许出境的文物，由国务院文物行政部门发给文物出境许可证，从国务院文物行政部门指定的口岸出境。

任何单位或者个人运送、邮寄、携带文物出境，应当向海关申报；海关凭文物出境许可证放行。

第六十二条　文物出境展览，应当报国务院文物行政部门批准；一级文物超过国务院规定数量的，应当报国务院批准。

一级文物中的孤品和易损品，禁止出境展览。

出境展览的文物出境，由文物进出境审核机构审核、登记。海关凭国务院文物行政部门或者国务院的批准文件放行。出境展览的文物复进境，由原文物进出境审核机构审核查验。

第六十三条　文物临时进境，应当向海关申报，并报文物进出境审核机构审核、登记。

临时进境的文物复出境，必须经原审核、登记的文物进出境审核机构审核查验；经审核查验无误的，由国务院文物行政部门发给文物出境许可证，海关凭文物出境许可证放行。

第七章　法律责任

第六十四条　违反本法规定，有下列行为之一，构成犯罪的，依法追究刑事责任：

（一）盗掘古文化遗址、古墓葬的；

（二）故意或者过失损毁国家保护的珍贵文物的；

（三）擅自将国有馆藏文物出售或者私自送给非国有单位或者个人的；

（四）将国家禁止出境的珍贵文物私自出售或者送给外国人的；

（五）以牟利为目的倒卖国家禁止经营的文物的；

（六）走私文物的；

（七）盗窃、哄抢、私分或者非法侵占国有文物的；

（八）应当追究刑事责任的其他妨害文物管理行为。

第六十五条 违反本法规定，造成文物灭失、损毁的，依法承担民事责任。

违反本法规定，构成违反治安管理行为的，由公安机关依法给予治安管理处罚。

违反本法规定，构成走私行为，尚不构成犯罪的，由海关依照有关法律、行政法规的规定给予处罚。

第六十六条 有下列行为之一，尚不构成犯罪的，由县级以上人民政府文物主管部门责令改正，造成严重后果的，处五万元以上五十万元以下的罚款；情节严重的，由原发证机关吊销资质证书：

（一）擅自在文物保护单位的保护范围内进行建设工程或者爆破、钻探、挖掘等作业的；

（二）在文物保护单位的建设控制地带内进行建设工程，其工程设计方案未经文物行政部门同意、报城乡建设规划部门批准，对文物保护单位的历史风貌造成破坏的；

（三）擅自迁移、拆除不可移动文物的；

（四）擅自修缮不可移动文物，明显改变文物原状的；

（五）擅自在原址重建已全部毁坏的不可移动文物，造成文物破坏的；

（六）施工单位未取得文物保护工程资质证书，擅自从事文物修缮、迁移、重建的。

刻划、涂污或者损坏文物尚不严重的，或者损毁依照本法第十五条第一款规定设立的文物保护单位标志的,由公安机关或者文物所在单位给予警告,可以并处罚款。

第六十七条 在文物保护单位的保护范围内或者建设控制地带内建设污染文物保护单位及其环境的设施的,或者对已有的污染文物保护单位及其环境的设施未在规定的期限内完成治理的,由环境保护行政部门依照有关法律、法规的规定给予处罚。

第六十八条 有下列行为之一的,由县级以上人民政府文物主管部门责令改正,没收违法所得,违法所得一万元以上的,并处违法所得二倍以上五倍以下的罚款;违法所得不足一万元的,并处五千元以上二万元以下的罚款:

(一)转让或者抵押国有不可移动文物,或者将国有不可移动文物作为企业资产经营的;

(二)将非国有不可移动文物转让或者抵押给外国人的;

(三)擅自改变国有文物保护单位的用途的。

第六十九条 历史文化名城的布局、环境、历史风貌等遭到严重破坏的,由国务院撤销其历史文化名城称号;历史文化城镇、街道、村庄的布局、环境、历史风貌等遭到严重破坏的,由省、自治区、直辖市人民政府撤销其历史文化街区、村镇称号;对负有责任的主管人员和其他直接责任人员依法给予行政处分。

第七十条 有下列行为之一,尚不构成犯罪的,由县级以上人民政府文物主管部门责令改正,可以并处二万元以下的罚款,有违法所得的,没收违法所得:

(一)文物收藏单位未按照国家有关规定配备防火、防盗、防自然损坏的设施的;

(二)国有文物收藏单位法定代表人离任时未按照馆藏文物档

案移交馆藏文物,或者所移交的馆藏文物与馆藏文物档案不符的;

(三)将国有馆藏文物赠与、出租或者出售给其他单位、个人的;

(四)违反本法第四十条、第四十一条、第四十五条规定处置国有馆藏文物的;

(五)违反本法第四十三条规定挪用或者侵占依法调拨、交换、出借文物所得补偿费用的。

第七十一条 买卖国家禁止买卖的文物或者将禁止出境的文物转让、出租、质押给外国人,尚不构成犯罪的,由县级以上人民政府文物主管部门责令改正,没收违法所得,违法经营额一万元以上的,并处违法经营额二倍以上五倍以下的罚款;违法经营额不足一万元的,并处五千元以上二万元以下的罚款。

文物商店、拍卖企业有前款规定的违法行为的,由县级以上人民政府文物主管部门没收违法所得、非法经营的文物,违法经营额五万元以上的,并处违法经营额一倍以上三倍以下的罚款;违法经营额不足五万元的,并处五千元以上五万元以下的罚款;情节严重的,由原发证机关吊销许可证书。

第七十二条 未经许可,擅自设立文物商店、经营文物拍卖的拍卖企业,或者擅自从事文物的商业经营活动,尚不构成犯罪的,由工商行政管理部门依法予以制止,没收违法所得、非法经营的文物,违法经营额五万元以上的,并处违法经营额二倍以上五倍以下的罚款;违法经营额不足五万元的,并处二万元以上十万元以下的罚款。

第七十三条 有下列情形之一的,由工商行政管理部门没收违法所得、非法经营的文物,违法经营额五万元以上的,并处违法经营额一倍以上三倍以下的罚款；违法经营额不足五万元的，并处五千元以上五万元以下的罚款；情节严重的，由原发证机关吊销许可证书：

（一）文物商店从事文物拍卖经营活动的；

（二）经营文物拍卖的拍卖企业从事文物购销经营活动的；

（三）拍卖企业拍卖的文物，未经审核的；

（四）文物收藏单位从事文物的商业经营活动的。

第七十四条 有下列行为之一，尚不构成犯罪的，由县级以上人民政府文物主管部门会同公安机关追缴文物；情节严重的，处五千元以上五万元以下的罚款：

（一）发现文物隐匿不报或者拒不上交的；

（二）未按照规定移交拣选文物的。

第七十五条 有下列行为之一的，由县级以上人民政府文物主管部门责令改正：

（一）改变国有未核定为文物保护单位的不可移动文物的用途，未依照本法规定报告的；

（二）转让、抵押非国有不可移动文物或者改变其用途，未依照本法规定备案的；

（三）国有不可移动文物的使用人拒不依法履行修缮义务的；

（四）考古发掘单位未经批准擅自进行考古发掘，或者不如实报告考古发掘结果的；

（五）文物收藏单位未按照国家有关规定建立馆藏文物档案、管理制度，或者未将馆藏文物档案、管理制度备案的；

（六）违反本法第三十八条规定，未经批准擅自调取馆藏文物的；

（七）馆藏文物损毁未报文物行政部门核查处理，或者馆藏文物被盗、被抢或者丢失，文物收藏单位未及时向公安机关或者文物行政部门报告的；

（八）文物商店销售文物或者拍卖企业拍卖文物，未按照国家有关规定作出记录或者未将所作记录报文物行政部门备案的。

第七十六条　文物行政部门、文物收藏单位、文物商店、经营文物拍卖的拍卖企业的工作人员，有下列行为之一的，依法给予行政处分，情节严重的，依法开除公职或者吊销其从业资格；构成犯罪的，依法追究刑事责任：

（一）文物行政部门的工作人员违反本法规定，滥用审批权限、不履行职责或者发现违法行为不予查处，造成严重后果的；

（二）文物行政部门和国有文物收藏单位的工作人员借用或者非法侵占国有文物的；

（三）文物行政部门的工作人员举办或者参与举办文物商店或者经营文物拍卖的拍卖企业的；

（四）因不负责任造成文物保护单位、珍贵文物损毁或者流失的；

（五）贪污、挪用文物保护经费的。

前款被开除公职或者被吊销从业资格的人员，自被开除公职或者被吊销从业资格之日起十年内不得担任文物管理人员或者从事文物经营活动。

第七十七条　有本法第六十六条、第六十八条、第七十条、第七十一条、第七十四条、第七十五条规定所列行为之一的，负有责任的主管人员和其他直接责任人员是国家工作人员的，依法给予行政处分。

第七十八条 公安机关、工商行政管理部门、海关、城乡建设规划部门和其他国家机关，违反本法规定滥用职权、玩忽职守、徇私舞弊，造成国家保护的珍贵文物损毁或者流失的，对负有责任的主管人员和其他直接责任人员依法给予行政处分；构成犯罪的，依法追究刑事责任。

第七十九条 人民法院、人民检察院、公安机关、海关和工商行政管理部门依法没收的文物应当登记造册，妥善保管，结案后无偿移交文物行政部门，由文物行政部门指定的国有文物收藏单位收藏。

第八章 附则

第八十条 本法自公布之日起施行。

附录二　中华人民共和国文物保护法实施条例

（2003年5月18日中华人民共和国国务院令第377号公布　根据2013年12月7日《国务院关于修改部分行政法规的决定》第一次修订　根据2016年2月6日《国务院关于修改部分行政法规的决定》第二次修订　根据2017年3月1日《国务院关于修改和废止部分行政法规的决定》第三次修订　根据2017年10月7日《国务院关于修改部分行政法规的决定》第四次修订）

第一章　总　则

第一条　根据《中华人民共和国文物保护法》（以下简称文物保护法），制定本实施条例。

第二条　国家重点文物保护专项补助经费和地方文物保护专项经费，由县级以上人民政府文物行政主管部门、投资主管部门、财政部门按照国家有关规定共同实施管理。任何单位或者个人不得侵占、挪用。

第三条　国有的博物馆、纪念馆、文物保护单位等的事业性收入，应当用于下列用途：

（一）文物的保管、陈列、修复、征集；

（二）国有的博物馆、纪念馆、文物保护单位的修缮和建设；

（三）文物的安全防范；

（四）考古调查、勘探、发掘；

（五）文物保护的科学研究、宣传教育。

第四条 文物行政主管部门和教育、科技、新闻出版、广播电视行政主管部门，应当做好文物保护的宣传教育工作。

第五条 国务院文物行政主管部门和省、自治区、直辖市人民政府文物行政主管部门，应当制定文物保护的科学技术研究规划，采取有效措施，促进文物保护科技成果的推广和应用，提高文物保护的科学技术水平。

第六条 有文物保护法第十二条所列事迹之一的单位或者个人，由人民政府及其文物行政主管部门、有关部门给予精神鼓励或者物质奖励。

第二章 不可移动文物

第七条 历史文化名城，由国务院建设行政主管部门会同国务院文物行政主管部门报国务院核定公布。

历史文化街区、村镇，由省、自治区、直辖市人民政府城乡规划行政主管部门会同文物行政主管部门报本级人民政府核定公布。

县级以上地方人民政府组织编制的历史文化名城和历史文化街区、村镇的保护规划，应当符合文物保护的要求。

第八条 全国重点文物保护单位和省级文物保护单位自核定公布之日起1年内，由省、自治区、直辖市人民政府划定必要的保护范围，作出标志说明，建立记录档案，设置专门机构或者指定专人负责管理。

设区的市、自治州级和县级文物保护单位自核定公布之日起1年内，由核定公布该文物保护单位的人民政府划定保护范围，作出标志说明，建立记录档案，设置专门机构或者指定专人负责管理。

第九条 文物保护单位的保护范围，是指对文物保护单位本体及周围一定范围实施重点保护的区域。

文物保护单位的保护范围，应当根据文物保护单位的类别、规模、内容以及周围环境的历史和现实情况合理划定，并在文物保护单位本体之外保持一定的安全距离，确保文物保护单位的真实性和完整性。

第十条 文物保护单位的标志说明，应当包括文物保护单位的级别、名称、公布机关、公布日期、立标机关、立标日期等内容。民族自治地区的文物保护单位的标志说明，应当同时用规范汉字和当地通用的少数民族文字书写。

第十一条 文物保护单位的记录档案，应当包括文物保护单位本体记录等科学技术资料和有关文献记载、行政管理等内容。

文物保护单位的记录档案，应当充分利用文字、音像制品、图画、拓片、摹本、电子文本等形式，有效表现其所载内容。

第十二条 古文化遗址、古墓葬、石窟寺和属于国家所有的纪念建筑物、古建筑，被核定公布为文物保护单位的，由县级以上地方人民政府设置专门机构或者指定机构负责管理。其他文物保护单位，由县级以上地方人民政府设置专门机构或者指定机构、专人负责管理；指定专人负责管理的，可以采取聘请文物保护员的形式。

文物保护单位有使用单位的，使用单位应当设立群众性文物保护组织；没有使用单位的，文物保护单位所在地的村民委员会或者居民委员会可以设立群众性文物保护组织。文物行政主管部门应当对群众性文物保护组织的活动给予指导和支持。

负责管理文物保护单位的机构，应当建立健全规章制度，采取安全防范措施；其安全保卫人员，可以依法配备防卫器械。

第十三条 文物保护单位的建设控制地带，是指在文物保护单位的保护范围外，为保护文物保护单位的安全、环境、历史风貌对建设项目加以限制的区域。

文物保护单位的建设控制地带，应当根据文物保护单位的类别、规模、内容以及周围环境的历史和现实情况合理划定。

第十四条 全国重点文物保护单位的建设控制地带，经省、自治区、直辖市人民政府批准，由省、自治区、直辖市人民政府的文物行政主管部门会同城乡规划行政主管部门划定并公布。

省级、设区的市、自治州级和县级文物保护单位的建设控制地带，经省、自治区、直辖市人民政府批准，由核定公布该文物保护单位的人民政府的文物行政主管部门会同城乡规划行政主管部门划定并公布。

第十五条 承担文物保护单位的修缮、迁移、重建工程的单位，应当同时取得文物行政主管部门发给的相应等级的文物保护工程资质证书和建设行政主管部门发给的相应等级的资质证书。其中，不涉及建筑活动的文物保护单位的修缮、迁移、重建，应当由取得文物行政主管部门发给的相应等级的文物保护工程资质证书的单位承担。

第十六条 申领文物保护工程资质证书，应当具备下列条件：

（一）有取得文物博物专业技术职务的人员；

（二）有从事文物保护工程所需的技术设备；

（三）法律、行政法规规定的其他条件。

第十七条 申领文物保护工程资质证书，应当向省、自治区、直辖市人民政府文物行政主管部门或者国务院文物行政主管部门提出申请。省、自治区、直辖市人民政府文物行政主管部门或者国务院文物行政主管部门应当自收到申请之日起30个工作日内作出批准或者不批准的决定。决定批准的，发给相应等级的文物保护工程资质证书；决定不批准的，应当书面通知当事人并说明理由。文物保护工程资质等级的分级标准和审批办法，由国务院文物行政主管部门制定。

第十八条 文物行政主管部门在审批文物保护单位的修缮计划和工程设计方案前，应当征求上一级人民政府文物行政主管部门的意见。

第十九条 危害全国重点文物保护单位安全或者破坏其历史风貌的建筑物、构筑物，由省、自治区、直辖市人民政府负责调查处理。

危害省级、设区的市、自治州级、县级文物保护单位安全或者破坏其历史风貌的建筑物、构筑物，由核定公布该文物保护单位的人民政府负责调查处理。

危害尚未核定公布为文物保护单位的不可移动文物安全的建筑物、构筑物，由县级人民政府负责调查处理。

第三章 考古发掘

第二十条 申请从事考古发掘的单位，取得考古发掘资质证书，应当具备下列条件：

（一）有4名以上接受过考古专业训练且主持过考古发掘项目的人员；

（二）有取得文物博物专业技术职务的人员；

（三）有从事文物安全保卫的专业人员；

（四）有从事考古发掘所需的技术设备；

（五）有保障文物安全的设施和场所；

（六）法律、行政法规规定的其他条件。

第二十一条 申领考古发掘资质证书，应当向国务院文物行政主管部门提出申请。国务院文物行政主管部门应当自收到申请之日起30个工作日内作出批准或者不批准的决定。决定批准的，发给考古发掘资质证书；决定不批准的，应当书面通知当事人并说明理由。

第二十二条 考古发掘项目实行项目负责人负责制度。

第二十三条 配合建设工程进行的考古调查、勘探、发掘，由省、自治区、直辖市人民政府文物行政主管部门组织实施。跨省、自治区、直辖市的建设工程范围内的考古调查、勘探、发掘，由建设工程所在地的有关省、自治区、直辖市人民政府文物行政主管部门联合组织实施；其中，特别重要的建设工程范围内的考古调查、勘探、发掘，由国务院文物行政主管部门组织实施。

建设单位对配合建设工程进行的考古调查、勘探、发掘，应当予以协助，不得妨碍考古调查、勘探、发掘。

第二十四条 国务院文物行政主管部门应当自收到文物保护法第三十条第一款规定的发掘计划之日起30个工作日内作出批准或者不批准决定。决定批准的，发给批准文件；决定不批准的，应当书面通知当事人并说明理由。

文物保护法第三十条第二款规定的抢救性发掘，省、自治区、直辖市人民政府文物行政主管部门应当自开工之日起10个工作日内向国务院文物行政主管部门补办审批手续。

第二十五条 考古调查、勘探、发掘所需经费的范围和标准，按照国家有关规定执行。

第二十六条 从事考古发掘的单位应当在考古发掘完成之日起30个工作日内向省、自治区、直辖市人民政府文物行政主管部门和国务院文物行政主管部门提交结项报告，并于提交结项报告之日起3年内向省、自治区、直辖市人民政府文物行政主管部门和国务院文物行政主管部门提交考古发掘报告。

第二十七条 从事考古发掘的单位提交考古发掘报告后，经省、自治区、直辖市人民政府文物行政主管部门批准，可以保留少量出土文物作为科研标本，并应当于提交发掘报告之日起6个月内将其他出土文物移交给由省、自治区、直辖市人民政府文物行政主管部门指定的国有的博物馆、图书馆或者其他国有文物收藏单位收藏。

第四章 馆藏文物

第二十八条 文物收藏单位应当建立馆藏文物的接收、鉴定、登记、编目和档案制度，库房管理制度，出入库、注销和统计制度，保养、修复和复制制度。

第二十九条 县级人民政府文物行政主管部门应当将本行政区域内的馆藏文物档案，按照行政隶属关系报设区的市、自治州级人民政府文物行政主管部门或者省、自治区、直辖市人民政府文物行政主管部门备案；设区的市、自治州级人民政府文物行政主管部门应当将本行政区域内的馆藏文物档案，报省、自治区、直辖市人民政府文物行政主管部门备案；省、自治区、直辖市人民政府文物行政主管部门应当将本行政区域内的一级文物藏品档案，报国务院文物行政主管部门备案。

第三十条 文物收藏单位之间借用馆藏文物,借用人应当对借用的馆藏文物采取必要的保护措施,确保文物的安全。

借用的馆藏文物的灭失、损坏风险,除当事人另有约定外,由借用该馆藏文物的文物收藏单位承担。

第三十一条 国有文物收藏单位未依照文物保护法第三十六条的规定建立馆藏文物档案并将馆藏文物档案报主管的文物行政主管部门备案的,不得交换、借用馆藏文物。

第三十二条 修复、复制、拓印馆藏二级文物和馆藏三级文物的,应当报省、自治区、直辖市人民政府文物行政主管部门批准;修复、复制、拓印馆藏一级文物的,应当报国务院文物行政主管部门批准。

第三十三条 从事馆藏文物修复、复制、拓印的单位,应当具备下列条件:

(一)有取得中级以上文物博物专业技术职务的人员;

(二)有从事馆藏文物修复、复制、拓印所需的场所和技术设备;

(三)法律、行政法规规定的其他条件。

第三十四条 从事馆藏文物修复、复制、拓印,应当向省、自治区、直辖市人民政府文物行政主管部门提出申请。省、自治区、直辖市人民政府文物行政主管部门应当自收到申请之日起30个工作日内作出批准或者不批准的决定。决定批准的,发给相应等级的资质证书;决定不批准的,应当书面通知当事人并说明理由。

第三十五条 为制作出版物、音像制品等拍摄馆藏文物的,应当征得文物收藏单位同意,并签署拍摄协议,明确文物保护措施和责任。文物收藏单位应当自拍摄工作完成后10个工作日内,将拍摄情况向文物行政主管部门报告。

第三十六条　馆藏文物被盗、被抢或者丢失的，文物收藏单位应当立即向公安机关报案，并同时向主管的文物行政主管部门报告；主管的文物行政主管部门应当在接到文物收藏单位的报告后24小时内，将有关情况报告国务院文物行政主管部门。

第三十七条　国家机关和国有的企业、事业组织等收藏、保管国有文物的，应当履行下列义务：

（一）建立文物藏品档案制度，并将文物藏品档案报所在地省、自治区、直辖市人民政府文物行政主管部门备案；

（二）建立、健全文物藏品的保养、修复等管理制度，确保文物安全；

（三）文物藏品被盗、被抢或者丢失的，应当立即向公安机关报案，并同时向所在地省、自治区、直辖市人民政府文物行政主管部门报告。

第五章　民间收藏文物

第三十八条　文物收藏单位以外的公民、法人和其他组织，可以依法收藏文物，其依法收藏的文物的所有权受法律保护。

公民、法人和其他组织依法收藏文物的，可以要求文物行政主管部门对其收藏的文物提供鉴定、修复、保管等方面的咨询。

第三十九条　设立文物商店，应当具备下列条件：

（一）有200万元人民币以上的注册资本；

（二）有5名以上取得中级以上文物博物专业技术职务的人员；

（三）有保管文物的场所、设施和技术条件；

（四）法律、行政法规规定的其他条件。

第四十条 设立文物商店,应当向省、自治区、直辖市人民政府文物行政主管部门提出申请。省、自治区、直辖市人民政府文物行政主管部门应当自收到申请之日起 30 个工作日内作出批准或者不批准的决定。决定批准的,发给批准文件;决定不批准的,应当书面通知当事人并说明理由。

第四十一条 依法设立的拍卖企业,从事文物拍卖经营活动的,应当有 5 名以上取得高级文物博物专业技术职务的文物拍卖专业人员,并取得省、自治区、直辖市人民政府文物行政主管部门发给的文物拍卖许可证。

第四十二条 依法设立的拍卖企业申领文物拍卖许可证,应当向省、自治区、直辖市人民政府文物行政主管部门提出申请。省、自治区、直辖市人民政府文物行政主管部门应当自收到申请之日起 30 个工作日内作出批准或者不批准的决定。决定批准的,发给文物拍卖许可证;决定不批准的,应当书面通知当事人并说明理由。

第四十三条 文物商店购买、销售文物,经营文物拍卖的拍卖企业拍卖文物,应当记录文物的名称、图录、来源、文物的出卖人、委托人和买受人的姓名或者名称、住所、有效身份证件号码或者有效证照号码以及成交价格,并报省、自治区、直辖市人民政府文物行政主管部门备案。接受备案的文物行政主管部门应当依法为其保密,并将该记录保存 75 年。

文物行政主管部门应当加强对文物商店和经营文物拍卖的拍卖企业的监督检查。

第六章 文物出境进境

第四十四条 国务院文物行政主管部门指定的文物进出境审核

机构，应当有 5 名以上取得中级以上文物博物专业技术职务的文物进出境责任鉴定人员。

第四十五条　运送、邮寄、携带文物出境，应当在文物出境前依法报文物进出境审核机构审核。文物进出境审核机构应当自收到申请之日起 15 个工作日内作出是否允许出境的决定。

文物进出境审核机构审核文物，应当有 3 名以上文物博物专业技术人员参加；其中，应当有 2 名以上文物进出境责任鉴定人员。

文物出境审核意见，由文物进出境责任鉴定员共同签署；对经审核，文物进出境责任鉴定员一致同意允许出境的文物，文物进出境审核机构方可作出允许出境的决定。

文物出境审核标准，由国务院文物行政主管部门制定。

第四十六条　文物进出境审核机构应当对所审核进出境文物的名称、质地、尺寸、级别，当事人的姓名或者名称、住所、有效身份证件号码或者有效证照号码，以及进出境口岸、文物去向和审核日期等内容进行登记。

第四十七条　经审核允许出境的文物，由国务院文物行政主管部门发给文物出境许可证，并由文物进出境审核机构标明文物出境标识。经审核允许出境的文物，应当从国务院文物行政主管部门指定的口岸出境。海关查验文物出境标识后，凭文物出境许可证放行。

经审核不允许出境的文物，由文物进出境审核机构发还当事人。

第四十八条　文物出境展览的承办单位，应当在举办展览前 6 个月向国务院文物行政主管部门提出申请。国务院文物行政主管部门应当自收到申请之日起 30 个工作日内作出批准或者不批准的决定。决定批准的，发给批准文件；决定不批准的，应当书面通知当事人并说明理由。

一级文物展品超过 120 件（套）的，或者一级文物展品超过展品总数的 20%的，应当报国务院批准。

第四十九条 一级文物中的孤品和易损品，禁止出境展览。禁止出境展览文物的目录，由国务院文物行政主管部门定期公布。

未曾在国内正式展出的文物，不得出境展览。

第五十条 文物出境展览的期限不得超过 1 年。因特殊需要，经原审批机关批准可以延期；但是，延期最长不得超过 1 年。

第五十一条 文物出境展览期间，出现可能危及展览文物安全情形的，原审批机关可以决定中止或者撤销展览。

第五十二条 临时进境的文物，经海关将文物加封后，交由当事人报文物进出境审核机构审核、登记。文物进出境审核机构查验海关封志完好无损后，对每件临时进境文物标明文物临时进境标识，并登记拍照。

临时进境文物复出境时，应当由原审核、登记的文物进出境审核机构核对入境登记拍照记录，查验文物临时进境标识无误后标明文物出境标识，并由国务院文物行政主管部门发给文物出境许可证。

未履行本条第一款规定的手续临时进境的文物复出境的，依照本章关于文物出境的规定办理。

第五十三条 任何单位或者个人不得擅自剥除、更换、挪用或者损毁文物出境标识、文物临时进境标识。

第七章 法律责任

第五十四条 公安机关、工商行政管理、文物、海关、城乡规划、建设等有关部门及其工作人员，违反本条例规定，滥用审批权限、不履行职责或者发现违法行为不予查处的，对负有责任的主管人员和其他直接责任人员依法给予行政处分；构成犯罪的，依法追究刑事责任。

第五十五条 违反本条例规定，未取得相应等级的文物保护工程资质证书，擅自承担文物保护单位的修缮、迁移、重建工程的，由文物行政主管部门责令限期改正；逾期不改正，或者造成严重后果的，处5万元以上50万元以下的罚款；构成犯罪的，依法追究刑事责任。

违反本条例规定，未取得建设行政主管部门发给的相应等级的资质证书，擅自承担含有建筑活动的文物保护单位的修缮、迁移、重建工程的，由建设行政主管部门依照有关法律、行政法规的规定予以处罚。

第五十六条 违反本条例规定，未取得资质证书，擅自从事馆藏文物的修复、复制、拓印活动的，由文物行政主管部门责令停止违法活动；没收违法所得和从事违法活动的专用工具、设备；造成严重后果的，并处1万元以上10万元以下的罚款；构成犯罪的，依法追究刑事责任。

第五十七条 文物保护法第六十六条第二款规定的罚款，数额为200元以下。

第五十八条 违反本条例规定，未经批准擅自修复、复制、拓印馆藏珍贵文物的，由文物行政主管部门给予警告；造成严重后果的，处 2000 元以上 2 万元以下的罚款；对负有责任的主管人员和其他直接责任人员依法给予行政处分。

文物收藏单位违反本条例规定，未在规定期限内将文物拍摄情况向文物行政主管部门报告的，由文物行政主管部门责令限期改正；逾期不改正的，对负有责任的主管人员和其他直接责任人员依法给予行政处分。

第五十九条 考古发掘单位违反本条例规定，未在规定期限内提交结项报告或者考古发掘报告的，由省、自治区、直辖市人民政府文物行政主管部门或者国务院文物行政主管部门责令限期改正；逾期不改正的，对负有责任的主管人员和其他直接责任人员依法给予行政处分。

第六十条 考古发掘单位违反本条例规定，未在规定期限内移交文物的，由省、自治区、直辖市人民政府文物行政主管部门或者国务院文物行政主管部门责令限期改正；逾期不改正，或者造成严重后果的，对负有责任的主管人员和其他直接责任人员依法给予行政处分。

第六十一条 违反本条例规定，文物出境展览超过展览期限的，由国务院文物行政主管部门责令限期改正；对负有责任的主管人员和其他直接责任人员依法给予行政处分。

第六十二条 依照文物保护法第六十六条、第七十三条的规定，单位被处以吊销许可证行政处罚的，应当依法到工商行政管理部门办理变更登记或者注销登记；逾期未办理的，由工商行政管理部门吊销营业执照。

第六十三条 违反本条例规定，改变国有的博物馆、纪念馆、文物保护单位等的事业性收入的用途的，对负有责任的主管人员和其他直接责任人员依法给予行政处分；构成犯罪的，依法追究刑事责任。

第八章　附　则

第六十四条　本条例自 2003 年 7 月 1 日起施行。

附录三　江西省文物保护条例

(2006年9月22日江西省第十届人民代表大会常务委员会第二十三次会议通过　2011年12月1日江西省第十一届人民代表大会常务委员会第二十八次会议第一次修正　2016年4月1日江西省第十二届人民代表大会常务委员会第二十四次会议第二次修正　2018年7月27日江西省第十三届人民代表大会常务委员会第四次会议第三次修正)

第一章　总　则

第一条　为了加强对文物的保护，继承中华民族优秀的历史文化遗产，根据《中华人民共和国文物保护法》《中华人民共和国文物保护法实施条例》等有关法律、行政法规的规定，结合本省实际，制定本条例。

第二条　本省行政区域内文物的保护、利用和管理，适用本条例。

具有科学价值的古脊椎动物化石和古人类化石同文物一样受国家保护。

第三条　文物工作贯彻保护为主、抢救第一、合理利用、加强管理的方针。

基本建设、旅游发展和文物利用等活动必须遵守文物保护工作的方针，不得对文物造成损害。

第四条 各级人民政府负责本行政区域内的文物保护工作。

县级以上人民政府设立的文物保护管理委员会，负责协调、解决本行政区域内文物保护工作中的重大问题。

第五条 县级以上人民政府文物行政部门对本行政区域内的文物保护实施监督管理。

公安、工商行政管理、城乡建设规划、海关等相关部门在各自职责范围内，负责有关的文物保护工作。

第六条 县级以上人民政府应当将文物保护事业纳入国民经济和社会发展规划，所需经费列入本级财政预算，用于文物保护的财政拨款随着财政收入增长而增加。

县级以上人民政府应当根据文物调查、抢救、修缮、征集和安全设施建设等需要，设立专项经费。

第七条 对遗存在本行政区域内的与重大历史事件、革命运动有关的近现代重要史迹、陶瓷古窑遗址等重要文物保护单位，有关人民政府应当予以重点抢救、保护和管理。

民间收藏的近现代文物、古陶瓷、古青铜器等珍贵文物，国有文物收藏单位应当加强征集和收藏工作。

第八条 县级以上人民政府文物、教育、科技等部门以及报刊、广播、电视、网络等媒体，应当加强文物保护法律法规和优秀历史文化遗产保护的宣传教育工作，增强全社会的文物保护意识。

县级以上人民政府应当注重对文物、博物专业技术人才的培养。

第九条 县所有单位和个人都有依法保护文物的义务，并有权检举、控告和制止破坏文物的行为。

第二章 不可移动文物

第十条 省人民政府文物行政部门在市级、县级文物保护单位中，选择具有重要历史、艺术、科学价值的确定为省级文物保护单位，或者直接确定省级文物保护单位，报省人民政府核定公布，并报国务院备案。

市级、县级文物保护单位，分别由设区市、县级人民政府文物行政部门确定，报市级、县级人民政府核定公布，并报省人民政府备案。

尚未核定为文物保护单位的不可移动文物，由所在地县级人民政府文物行政部门登记公布，建立档案，并报省、设区市人民政府文物行政部门备案。

第十一条 对保存文物丰富并且具有重要历史价值或者革命纪念意义和反映民族、民俗文化及地方特色的城市、街道、村镇，由所在地县级以上人民政府提出申请，经省人民政府城乡建设规划部门会同文物行政部门组织评审后，报省人民政府核定公布为省级历史文化名城或者历史文化街区、村镇，并报国务院备案。

国家历史文化名城、村镇的申报和确定，依照国家有关规定执行。

第十二条 世界文化遗产和文物保护单位所在地的县级以上人民政府应当组织编制保护规划。世界文化遗产、全国重点文物保护单位保护规划，由省人民政府公布实施；省级、市级、县级文物保护单位保护规划，分别由省、设区市、县级人民政府公布实施。

历史文化名城和历史文化街区、村镇所在地县级以上人民政府应当组织编制专门的历史文化名城和历史文化街区、村镇保护规划,并纳入城市总体规划。

第十三条 世界文化遗产、全国重点文物保护单位和省级文物保护单位由省人民政府文物行政部门组织制定具体保护措施,并公告施行。市级、县级文物保护单位和尚未核定为文物保护单位的不可移动文物,分别由设区市、县级人民政府文物行政部门组织制定具体保护措施,并公告施行。

保护措施应当符合保护规划的要求,内容包括不可移动文物的修缮保养、安全防范、合理利用和环境治理等。

第十四条 全国重点文物保护单位和省级文物保护单位,由省人民政府划定必要的保护范围,作出标志说明,建立记录档案;市级、县级文物保护单位分别由设区市、县级人民政府划定必要的保护范围,作出标志说明,建立记录档案。

全国重点文物保护单位和省级文物保护单位的建设控制地带,经省人民政府批准,由省级文物行政部门会同城乡规划行政主管部门划定并公布;市级、县级文物保护单位的建设控制地带,经省人民政府批准,由市级、县级文物行政部门会同城乡规划行政主管部门划定并公布。

第十五条 在文物保护单位的保护范围和建设控制地带内已有的非文物建筑物和构筑物,危害文物保护单位安全或者破坏文物保护单位历史风貌的,由县级以上人民政府依法调查处理,必要时,对该建筑物、构筑物依法予以拆迁。

在文物保护单位的建设控制地带内进行建设工程,不得破坏文物保护单位的历史风貌,其形式、高度、体量、色调应当与文物保护单位相协调;工程设计方案应当根据文物保护单位的级别,经相应的文物行政部门同意后,报城乡建设规划部门批准。

第十六条　在文物保护单位的建设控制地带内，禁止从事下列活动：

（一）建设污染文物保护单位及其环境的设施；

（二）存放易燃、易爆、易腐蚀等危及文物安全的物品；

（三）殡葬活动；

（四）其他可能影响文物保护单位安全及其环境的活动。

第十七条　在文物保护单位的保护范围内，除禁止从事前条所列活动外，还禁止从事下列活动：

（一）刻划、涂污、损坏文物；

（二）刻划、涂污、损毁或者擅自移动文物保护单位标志；

（三）损坏文物保护设施；

（四）毁林开荒、开挖沟渠、采石、取土；

（五）法律、法规禁止的其他活动。

第十八条　不可移动文物实行原址保护原则。因特殊情况无法实施原址保护的，经依法批准后，可以迁移或者拆除，所需费用由建设单位列入建设工程预算。

被批准迁移或者拆除的不可移动文物，建设单位应当事先做好测绘、摄像和文字记录等资料工作。不可移动文物迁移工程应当与异地保护工程同步进行，并且按照国务院文物行政部门的有关规定，由相应的文物行政部门组织验收。

第十九条　设区市、县级人民政府文物行政部门应当与不可移动文物的所有人、使用人或者管理人签订文物保护责任书，依法明确其享有的权利和承担的义务；不可移动文物的所有人、使用人或者管理人发生改变的，应当重新签订。

第二十条　文物保护单位被辟为参观游览场所的，其管理或者使用机构应当按照文物保护法律法规的有关规定，负责修缮、保养和安全管理，并接受文物行政部门的监督检查。

第二十一条 公布为文物保护单位的宗教活动场所，管理、使用该宗教活动场所的宗教组织应当按照文物保护法律法规的有关规定，负责修缮、保养和安全管理，并接受文物行政部门的监督检查。宗教组织不具备修缮能力的，当地人民政府应当给予帮助。

第三章　考古发掘

第二十二条 在本省行政区域内进行考古发掘，必须依法履行报批手续。未经依法批准，所有单位或者个人不得私自发掘地下和水下文物。

第二十三条 县级以上人民政府文物行政部门应当加强对本行政区域内地下和水下文物的勘查工作。

县级以上人民政府文物行政部门应当会同城乡建设规划部门，根据本地区历史发展沿革及勘查发现地下文物的情况，划定地下文物埋藏区，报本级人民政府核定并公布。

第二十四条 大型基本建设工程选址，应当尽可能避开地下文物埋藏区；确实无法避开的，建设单位应当事先报请省人民政府文物行政部门组织考古发掘单位在工程范围内有可能埋藏文物的地方进行考古调查、勘探。

省人民政府文物行政部门应当自收到申请之日起二十个工作日内，组织从事考古发掘的单位进行考古调查、勘探；从事考古发掘的单位应当自考古调查、勘探结束之日起十五个工作日内完成考古调查、勘探报告。

省人民政府文物行政部门应当自收到考古调查、勘探报告之日起十个工作日内,将考古调查、勘探处理意见书告知建设单位。需要考古发掘的,由省人民政府文物行政部门组织发掘。

第二十五条 因进行基本建设和生产建设需要的考古调查、勘探、发掘,所需经费由建设单位列入建设工程预算。

考古调查、勘探、发掘所需经费的范围和标准,按照国家有关规定执行。

第二十六条 在进行建设工程或者在农业生产中,所有单位或者个人发现文物,应当保护现场,并及时报告当地文物行政部门。

文物行政部门接到报告后,应当在二十四小时内赶赴现场,并在七个工作日内提出处理意见。文物行政部门可以报请当地人民政府通知公安机关协助保护现场。

第二十七条 考古发掘单位依法进行考古调查、勘探和发掘活动,所有单位和个人不得阻挠。在考古发掘结束前,所有单位和个人不得擅自在考古发掘区域内进行施工或者生产活动。

第二十八条 考古发掘的文物及其相关资料,所有单位和个人不得私自占有。未经省人民政府文物行政部门同意,发掘单位不得将考古发掘中的重要发现对外公布。

第四章 馆藏文物和民间收藏文物

第二十九条 博物馆、图书馆和其他文物收藏单位可以根据其收藏的性质和职责征集藏品。对收藏的文物,文物收藏单位应当按照国家有关规定区分等级,编制目录,设置藏品档案,并报主管的文物行政部门备案。

鼓励单位和个人将收藏的文物捐赠、转让给国有文物收藏单位或者提供给文物收藏单位展览和研究。

第三十条　文物收藏单位应当按照国家有关规定，在文物库房和文物陈列展览区配备防火、防盗、防自然损坏的安全设施和相应的安全保卫人员，并达到风险等级安全防护标准。公安机关应当将文物收藏单位列为治安保卫重点单位。

第三十一条　对不具备收藏珍贵文物条件的国有文物收藏单位收藏的珍贵文物，省人民政府文物行政部门可以指定具备条件的国有文物收藏单位代为收藏。非国有文物收藏单位不具备收藏珍贵文物条件的，可以委托具备条件的文物收藏单位代为收藏。

文物收藏单位与代为收藏单位的权利义务由双方协商确定。

第三十二条　文物收藏单位可以通过购买、接受捐赠、依法交换或者法律、行政法规规定的其他方式取得文物。

国有文物收藏单位还可以通过接受文物行政部门指定保管或者调拨方式取得文物。

文物收藏单位不得利用馆藏文物从事文物销售、拍卖经营活动。禁止国有文物收藏单位将馆藏文物赠与、出租或者出售给其他单位、个人。

第三十三条　文物行政部门和工商行政管理部门应当加强对文物商业经营活动的监督管理。

文物的购销经营活动，由依法设立的文物商店进行；文物的拍卖经营活动，由依法取得文物拍卖许可证的拍卖企业进行。其他单位和个人不得从事文物的购销、拍卖等商业经营活动。

第三十四条　文物商店销售的文物，在销售前应当经省人民政府文物行政部门核准同意，并加贴文物销售专用标识。

所有单位和个人不得买卖、出租、出借和以其他形式转让文物销售专用标识，不得涂改、伪造、变造文物销售专用标识。

文物拍卖企业拍卖的文物,在拍卖前应当经省人民政府文物行政部门审核,并报国务院文物行政部门备案。

第三十五条 文物商店、文物拍卖企业应当分别自购买或者销售文物之日、文物拍卖活动结束之日起三十个工作日内,按照《中华人民共和国文物保护法实施条例》第四十三条第一款规定的内容,将所购买或者销售、拍卖文物的记录报省人民政府文物行政部门备案。

第三十六条 人民法院、人民检察院、公安机关、海关和工商行政管理部门依法没收的文物应当登记造册,妥善保管,结案后三十个工作日内无偿移交文物行政部门,由文物行政部门指定的国有文物收藏单位收藏。

第五章 文物利用

第三十七条 文物利用坚持合理、适度的原则。

禁止对文物进行破坏性利用。禁止将国有不可移动文物转让、抵押。禁止将国有文物保护单位作为或者变相作为企业资产经营。

文物行政部门对文物的利用实施监督管理,并提供指导和服务。

第三十八条 文物收藏单位应当充分发挥馆藏文物的作用,通过举办展览、科学研究等形式,加强对优秀历史文化遗产的宣传和利用。

鼓励文物收藏单位研发相关文化产品,传播科学文化知识,开展社会教育服务活动,参与当地文化建设。

第三十九条 文物收藏单位应当采取多种形式,向公众陈列、展览所收藏的文物;陈列、展览中使用复制品、仿制品和辅助品的，应当予以明示。

第四十条 国有文物保护单位和文物收藏单位应当在确保文物安全的前提下，尽可能向公众开放，其事业性收入用于文物保护事业。

国有文物保护单位和文物收藏单位对未成年人实行免费参观制度，对老年人、残疾人、现役军人和学校组织的学生实行减免费制度。

对具有重要价值的国有文物保护单位实行旅游者、参观者容量控制制度。

第四十一条 修复、复制、拓印馆藏二级文物和馆藏三级文物的，应当报省人民政府文物行政部门批准；修复、复制、拓印馆藏一级文物的，应当报国务院文物行政部门批准。

省人民政府文物行政部门应当自收到申请之日起二十日内作出批准或者不予批准的决定，或者提出审核意见。

第四十二条 利用文物举办流动展览，或者利用文物保护单位举办大型活动的，举办单位应当制定文物保护预案，落实具体保护措施，并报所在地文物行政部门备案；应当取得公安、工商行政管理等相关部门批准的，举办单位应当向相关部门提出申请。

第四十三条 参观游览场所内有文物保护单位的，场所的管理或者使用机构应当从门票收入中安排一定的比例用于文物保护。

国有文物保护单位利用文物进行拍摄以及举办大型活动，其所得收入应当用于文物保护。

第六章 法律责任

第四十四条 文物行政部门、其他有关行政部门、国有文物保护单位管理机构、国有文物收藏单位违反本条例规定,不履行文物保护和管理职责,或者玩忽职守、滥用职权、徇私舞弊的,对负有责任的主管人员和其他直接责任人员依法给予行政处分;构成犯罪的,依法追究刑事责任。

第四十五条 违反本条例规定,在文物保护单位的保护范围内,有下列行为之一,造成损害尚不严重的,由公安机关或者文物所在单位给予警告,可以并处二百元以下的罚款:

(一)刻划、涂污、损坏文物的;

(二)刻划、涂污、损毁、擅自移动文物保护单位标志的;

(三)损坏文物保护设施的;

(四)毁林开荒、开挖沟渠、采石、取土的。

第四十六条 违反本条例规定,被批准迁移、拆除的不可移动文物,建设单位事先未进行测绘、摄像和文字记录等资料工作而迁移、拆除的,或者不可移动文物迁移工程未与异地保护工程同步进行的,由文物行政部门责令改正,并处一万元以上十万元以下的罚款。

第四十七条 违反本条例规定,有下列行为之一的,由文物行政部门责令改正;造成严重后果的,处一万元以上十万元以下的罚款:

(一)阻挠考古发掘单位进行考古工作的;

(二)擅自在考古发掘区域内进行施工或者生产活动的。

第四十八条 违反本条例规定,擅自将考古发掘中的重要发现对外公布,造成严重后果的,对负有责任的主管人员和其他直接责任人员依法给予行政处分。

第四十九条 违反本条例规定,有下列行为之一的,由文物行政部门责令改正；逾期不改正或者造成严重后果的，对负有责任的主管人员和其他直接责任人员依法给予行政处分：

（一）国有文物收藏单位拒不执行指定代为收藏珍贵文物的；

（二）利用文物举办流动展览，或者利用文物保护单位举办大型活动，举办单位未制定文物保护预案、未报所在地文物行政部门备案的。

第五十条 违反本条例规定，买卖、出租、出借和以其他形式转让文物销售专用标识，或者涂改、伪造、变造文物销售专用标识的，由文物行政部门责令改正，没收违法所得并处五千元以上五万元以下的罚款。

第七章 附　则

第五十一条 本条例自 2007 年 1 月 1 日起施行。1995 年 6 月 30 日江西省第八届人民代表大会常务委员会第十六次会议通过、1997 年 6 月 20 日江西省第八届人民代表大会常务委员会第二十八次会议修正的《江西省文物保护管理办法》同时废止。